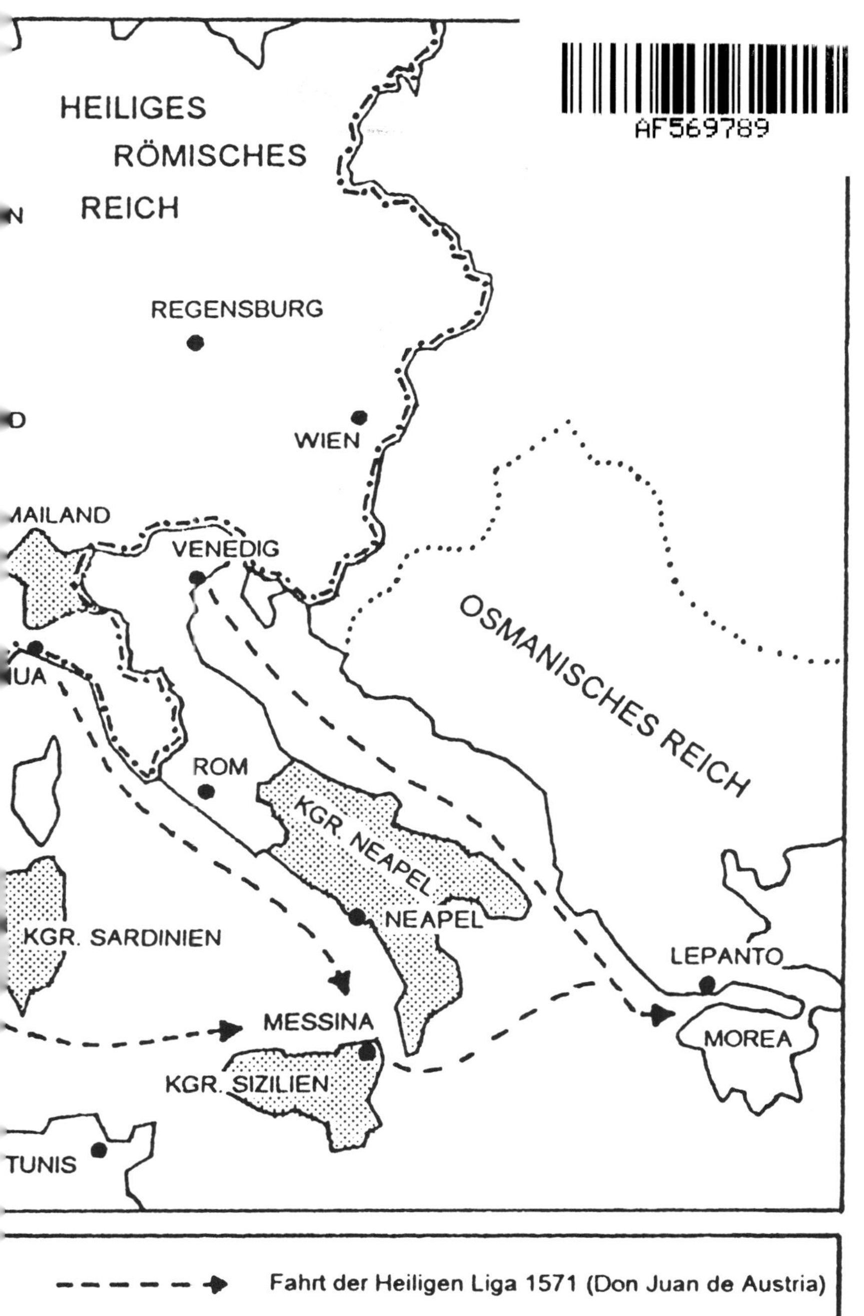

Fahrt der Heiligen Liga 1571 (Don Juan de Austria)

Grenze des Osmanischen Reiches

Don Juan de Austria

Marita A. Panzer

Don Juan de Austria

(1547–1578)

Karriere eines Bastards

Verlag Friedrich Pustet
Regensburg

Der Text des Buches wurde – mit Ausnahme der Gedichte – nach den Regeln der neuen Rechtschreibung gesetzt.

Bibliografische Information der Deutschen Bibliothek
Die Deutsche Bibliothek verzeichnet diese Publikation in der Deutschen Nationalbibliografie; detaillierte bibliografische Angaben sind im Internet über http://dnb.ddb.de abrufbar.

ISBN 3-7917-1866-5

Gesamtherstellung: Friedrich Pustet, Regensburg
Printed in Germany 2004

Zur Erinnerung an
Helmuth Panzer
(1925–1994)

Mein Vater erzählte mir erstmals von
Don Juan de Austria,
dem „Sieger von Lepanto"
und „Retter des Abendlandes".

Inhalt

Kapitel 1

„Das Geheimnis des Knaben“

Eltern[1]

Kaiser Karl V. reiste im Frühling 1546 nach Regensburg, um die bayerisch-habsburgischen Bündnisverhandlungen, die zur Vorbereitung des Schmalkaldischen Krieges notwendig waren, voranzubringen. Er kam den 10. April in Regensburg an und wurde – wie der Chronist Gumpelzhaimer vermerkte – „von dem Magistrat feyerlich empfangen, zeigte sich sehr ungehalten über die Abreise der Theologen, und darüber empfindlich, keinen einzigen Fürsten und nur wenig Gesandte hier zu finden." Der Grund dafür lag im Scheitern des Regensburger Religionsgesprächs, das den Konfessionskonflikt entschärfen sollte. Da der eigentliche Reichstag, zu dem der Kaiser geladen hatte, erst im Juni 1546 begann, hatte Karl V. nunmehr Zeit, sich die kommenden Wochen mit erfreulicheren Dingen zu vertreiben.

Schon seit seiner Jugendzeit liebte Karl die Jagd und die Frauen. Und beiden wandte sich der inzwischen 46-Jährige zu. Zumal er in jenen Tagen, als er Barbara Blomberg kennen lernte, durch eine Kur von seinem schmerzhaften Gichtleiden vorübergehend befreit war und seine Umgebung ihn daher seltsam verjüngt fand. Der Kaiser strahlte jene „frische Unmittelbarkeit, Energie, Strenge und Majestät" aus, die, verbunden mit seinem „persönlichen Charme", oftmals die Menschen in seiner näheren Umgebung bezwang. Auf diese Weise attraktiv und liebenswürdig, gewann er wohl auch die Hingabe der sittsamen Jungfrau Barbara.

Die damals ungefähr 18-jährige Regensburgerin war das älteste von vier überlebenden Kindern der Eheleute Wolfgang und Sibilla Plumberger. Barbaras Eltern betrieben eine Gürtlerei in der Kramgasse. Die Werkstatt ihres Vaters und das Verkaufslokal, in dem wohl ihre Mutter wirkte und Barbara manchmal mithalf, lagen direkt im Erdgeschoss des kleinen Hauses. Im Stockwerk darüber wohnte die sechsköpfige Familie.

In diesem Gebiet der freien Reichsstadt Regensburg, an der sich mit der Tändlergasse kreuzenden Kramgasse, wohnten und arbeiteten hauptsächlich mittelständische Kaufleute und Handwerker, also eher Kleingewerbetreibende der städtischen Mittelschicht.

Die allgemeine Wirtschaftslage der ehemals reichen Fernhandelsstadt Regensburg war zu Beginn des 16. Jahrhunderts nicht günstig. Der anhaltende wirtschaftliche Niedergang der Reichsstadt und die damit zusammenhängende soziale Krise weiter Teile der Einwohnerschaft äußerten sich bereits seit dem Ende des 15. Jahrhunderts in immer wieder aufflackernden Auseinandersetzungen und Unruhen.[2] Vor allem die Regensburger Handwerker und Händler waren oftmals vom wirtschaftlichen Ruin und damit auch vom sozialen bzw. gesellschaftlichen Abstieg bedroht. Die Gürtler hatten sich in Regensburg in der Zunft der Edelmetall verarbeitenden Gewerbe organisiert. Das Anfertigen und Verzieren von Lederwaren rückte die Gürtler in die Nähe der Gold- und Silberschmiede. Diese Handwerke konnten aber nur mit einem bestimmten Wohlstand der Bevölkerung (und damit der potenziellen Kundschaft) florieren. Aus Wolfgang Plumbergers Hinterlassenschaft (von 1551) geht hervor, dass es Barbaras Eltern in 25-jähriger Ehezeit durch gemeinsames fleißiges Arbeiten und sparsames Wirtschaften zu einem bescheidenen Wohlstand gebracht hatten. Die zukünftige

Mutter des Kaiserprösslings entstammte somit dem einigermaßen gut situierten Regensburger Bürgertum.

Wie haben wir uns die Kaisergeliebte nun vorzustellen? Der Zeitzeuge Camargo berichtete über Barbara nur sehr knapp: „Sie war Jungfrau, von sittsamen Lebenswandel und sehr kindlich." Leider ist uns kein authentisches Porträt überliefert, obgleich sich in Barbaras Nachlass vier Bilder befunden haben sollen. Mitte des 19. Jahrhunderts tauchte ein angebliches Porträtrelief Barbara Blombergs auf, wie Freiherr von Sacken 1868 der interessierten Fachwelt kundtat. Lange Zeit wurde diese Arbeit aus Kelheimer Stein nicht in Zweifel gezogen. Man glaubte, dass das Relief, welches „eine stilisierte Blume in der Art einer Lilie darstellt, aus deren innerem Kern die Büste eines Mädchens hervorwächst", für den verliebten Kaiser angefertigt worden sei. Die neuere Forschung des beginnenden 20. Jahrhunderts bezweifelte aber aufgrund der Gestaltung und Beschriftung die Echtheit dieses

„Barbara Blombergin"
Von der leiblichen Mutter des Don Juan de Austria wurde uns kein authentisches Porträt überliefert. Dieses Relief aus Kelheimer Stein entstand erst in der Mitte des 19. Jahrhunderts.

Werkes und nahm an, dass es aus der Zeit der Nachromantik der vierziger bis sechziger Jahre des 19. Jahrhunderts stammte. Aus diesen Gründen sind wir über Barbara Blombergs Aussehen nicht verlässlich informiert.

Kaiser Karl V. bevorzugte jedenfalls den helleren Frauentyp. Seine Gemahlin Isabella (von Portugal), die er sehr geliebt hatte, war eher blond als dunkel und galt mit ihrer zarten, eleganten Erscheinung als eine der schönsten Damen ihrer Zeit. Zudem stimmten in der kultivierten, frühneuzeitlichen Welt Europas die geltenden Normen für weibliche Schönheit im Wesentlichen überein und verlangten von einer begehrenswerten Frau: „Helle Haut, blondes Haar, rote Lippen und Wangen, schwarze Augenbrauen. Die Hände und der Hals mussten lang und schlank sein, die Füße klein und die Taille geschmeidig. Die Brüste mussten fest, rund und weiß sein und rosige Brustwarzen haben."[3] Die Augenfarbe durfte variieren von hell zu dunkel, je nach Landeszugehörigkeit. So bevorzugten die Franzosen grüne, die Italiener dagegen schwarze oder braune Augen. Körperliche Schönheit war sicherlich ein Geschenk, andererseits galten genaue Vorstellungen von der Schönheit des weiblichen Körpers. Er sollte kindlich sein und Freude ausstrahlen, also rund, mit glatter Haut, niedlichen Grübchen und gelockten Haaren. Die Gesichtszüge der vollendeten Frau damals waren ausdruckslos schwebend und ihr Lächeln sanft. Gesicht, Hals, Brüste und Hände gefielen durch ihr milchiges Weiß, geschätzt wurde ein Elfenbeinteint. Aber nicht nur körperlich schön musste die begehrenswerte Frau sein, sondern auch äußerlich adrett. Die saubere, nicht unbedingt hygienisch einwandfreie Erscheinung wurde gleichgesetzt mit moralischer Integrität und gesellschaftlichem Ansehen.

Diesem Frauenideal muss die Gürtlerstochter Barbara, die das Auge des Kaisers auf sich zog, wohl recht nahe gekommen sein. Sie war jung, blond und blauäugig sowie von mittlerer Körpergröße. Darauf lässt zudem die verbürgt attraktive Erscheinung ihres späteren Sohnes schließen.

Über das Aussehen des zukünftigen Vaters gibt es gesicherte

Erkenntnisse. Ein bekanntes Gemälde von Tizian, das heute in der Münchener Pinakothek zu sehen ist, zeigt uns den Kaiser im Jahre 1548, also zwei Jahre nach seinem Liebesabenteuer mit der schönen Regensburgerin. Kaiser Karl V. thront in einem mit samtenen Kissen gepolsterten Holzsessel. Am Stuhl lehnt ein Stock, ein Hinweis auf den angegriffenen Gesundheitszustand des Kaisers, der ja bekanntermaßen unter höchst schmerzhaften Gichtanfällen litt. Das Gemälde atmet Würde und Einfachheit, denn der Kaiser legte in späteren Jahren wenig Wert auf prächtige Kleidung. Charakteristisch war die Einfarbigkeit derselben, vorzugsweise das düstere Schwarz.

Karl besaß ein eher zurückhaltendes, melancholisches Temperament, lachte selten, verfügte über ein ausgezeichnetes Gedächtnis, beherrschte mehrere Sprachen (Flämisch, Französisch, Spanisch, Italienisch, aber nur wenig Deutsch) und galt als fromm. Manche sahen in ihm, zumindest in seiner Jugendzeit, einen attraktiven Mann, mittelgroß, wohlproportioniert, mit blauen energisch blickenden Augen, einer leicht schiefen Adlernase und einem frischen Teint. Das Erkennungszeichen der Habsburger, den ausladenden Unterkiefer, verbarg er, so gut es ging, hinter einem kurzen struppigen Bart. Offenbar machte seine gesamte Haltung diesen physischen Nachteil wieder wett.

Karl wurde am 24. Februar 1500 in Gent als Graf von Luxemburg geboren. Seine Eltern Philipp, genannt der Schöne, und Juana (Johanna), die Tochter der Katholischen Könige Isabella und Ferdinand von Spanien[4], hatten 1496 geheiratet und lebten zunächst in Brüssel, später dann in Gent. 1515 erbte Karl Burgund und wurde 1516 gemeinsam mit seiner geistig erkrankten Mutter Johanna (genannt die Wahnsinnige) König von Spanien. Als Enkel Kaiser Maximilians erlangte der 19-Jährige, mit Hilfe der reichen Fugger aus Augsburg, 1519 den Kaisertitel. Nun war Karl V. der mächtigste Herrscher Europas. Er vermählte sich 1526 mit seiner Cousine Isabella, der portugiesischen Infantin. Die Ehe war von gegenseitiger Zuneigung und großem Vertrauen getragen. Von

KAISER KARL V. IM JAHRE 1548
ein Jahr nach der Geburt seines natürlichen Sohnes Don Juan de Austria.
(Gemälde von Tizian, Alte Pinakothek, München)

Mätressen bis zum Tode seiner Gemahlin 1539 wissen wir nichts. Allerdings hatte Karl bereits in seiner Jugendzeit eine Liebesbeziehung zu Johanna van der Gheenst, der Tochter eines flandrischen Gobelinwebers. Dieser Affäre entsprang eine natürliche Tochter namens Margarete von Austria, welche später als Herzogin von Parma bekannt wurde.

Zwischen Karls Jugend- und Altersliebe können wir einige Parallelen ziehen. Beide Frauen – Johanna und Barbara – waren nichtadeliger, niederer Herkunft und hielten sich zunächst völlig unverfänglich in Karls Umgebung auf. Johanna van der Gheenst war als Magd im Schloss zu Oudenarde beschäftigt und Barbara Blomberg half wohl in der Herberge „Goldenes Kreuz" zu Regensburg aus, als der Kaiser dort im Frühling 1546 Logis nahm.

Über den Beginn und Verlauf der Liebesbeziehung zwischen dem Regensburger Bürgermädchen und dem alternden Kaiser erfahren wir aus den Chroniken und diplomatischen Berichten, die sonst doch recht gut unterrichtet sind, erstaunlicherweise nichts. Offenbar blieb das intime Verhältnis der beiden der Öffentlichkeit gänzlich verborgen. Anscheinend fand die Liaison unter völlig unverdächtigen Bedingungen im Verborgenen statt, sodass niemand Außenstehender Verdacht schöpfen konnte.

Natürlich kann Barbara dem Kaiser bei einer der zahlreichen Vergnügungen, die einen Reichstag begleiteten, aufgefallen sein. Andererseits stand der Kaiser bei diesen geselligen Anlässen derart im Mittelpunkt des allgemeinen Interesses, dass ein Flirt mit einem Bürgermädchen wohl kaum unbemerkt geblieben wäre. Wie kam es aber dann zur Annäherung, ohne dass der Kaiser befehlen musste, ohne dass ehrbare Eltern ihre tugendsame Tochter einem hochgestellten Lüstling zuzuführen gezwungen waren? Wir meinen, dass es dazu einer wegen ihrer Normalität höchst unauffälligen Gelegenheit bedurfte. Daher erscheint uns der Wirklichkeit am nächsten, dass ein Zusammentreffen des Kaisers mit Barbara im Gasthof „Zum goldenen Kreuz" stattfand. Aufgrund der gutnachbarschaftlichen, eventuell sogar verwandtschaftlichen Beziehungen zwischen den Inhabern des Nobelhotels und Barbaras Familie (das großväterliche Haus mütterlicherseits der Familie Lohmair grenzte rückwärtig an die Kaiserherberge an) ist es durchaus möglich, dass Barbara während der Zeit des kaiserlichen Hoflagers und der damit anfallenden übermäßigen Arbeit den Gasthofinhabern unterstützend zur Hand ging. Bei ihren alltäglichen Verrichtungen dort begegnete nun die junge Frau dem Kaiser und fiel ihm angenehm auf. Allmählich könnte sich aus freundlichen Worten und der oftmals privaten Atmosphäre der Aufwartung eine intime Situation ergeben haben. Diese Konstellation erscheint auch deshalb am wahrscheinlichsten, weil hierbei das Kommen und Gehen der Geliebten unauffällig und selbstverständlich geschehen konnte. So erfuhren auf diese Weise von dem Liebesverhältnis nur sehr wenige, dem Kaiser nahestehende Personen, eventuell nur sein persönlicher Diener und Vertrauter.

Was spielte sich nun in den Gemächern der Kaiserherberge zwischen Mann und Frau ab? Waren es galante Stunden oder gar Tage des Beisammenseins, war es eher eine flüchtige sexuelle Begegnung, also bloß eine Bettgeschichte, oder etwa eine zärtliche Romanze, eine innige Verbundenheit, gar eine Seelenverwandtschaft? Auch bei der Beurteilung der Qualität dieser Beziehung sind wir auf Vermutungen angewiesen. Gesichert ist jedoch, dass das Leben der Barbara Blomberg im Bett des Kaisers eine entscheidende, ja schicksalhafte Wendung erfuhr. Als Kaiser Karl V. im August 1546 Regensburg und seine Geliebte – die er nie mehr wiedersah – verließ, war Barbara bereits schwanger.

Geburt

Wir wissen über Barbaras Monate der Schwangerschaft und die Zeit ihrer Niederkunft nichts Gesichertes. Der belgische Historiker Gachard meint dazu, dass Barbara wohl schwanger zurückblieb, nachdem der Kaiser Regensburg den Rücken gekehrt hatte und ihre Schwangerschaft eventuell durch einen

„Goldenes Kreuz“
In der Kaiserherberge zum „Goldenen Kreuz“ kamen sich die Bürgerstochter Barbara Blomberg und Kaiser Karl V. während des Reichstags zu Regensburg 1546 näher.
Die Folge dieser Liebesbeziehung war der gemeinsame Sohn und spätere Türkenbezwinger Don Juan de Austria.

Orts- oder Wohnungswechsel zu verbergen suchte. Dennoch erscheint die Auffassung, dass Barbara nicht in Regensburg niederkam und ihren Sohn gar in den Niederlanden geboren haben könnte, höchst unwahrscheinlich. Aber die einschlägigen Quellen schweigen sich darüber aus. Nur das Ereignis der Geburt ist uns zweifelsfrei bekannt. Unter den Historikern der früheren Jahrhunderte bis hinein ins 19. Jahrhundert blieben Geburtsort und Geburtsdatum des Kindes lange umstritten. Gachard wies jedoch anhand von vielfältigen Äußerungen in zeitgenössischen Schriftstücken sowie von Inschriften auf Gedenkmünzen nach, dass der Sohn Barbara Blombergs und Kaiser Karls V. am 24. Februar 1547 das Licht der Welt erblickte.[5]

Lange Zeit galt das „Goldene Kreuz“ als das Geburtshaus von Don Juan de Austria. Noch heute trägt es an der Fassade sein Porträt und eine mehrstrophige Inschrift, die darauf Bezug nimmt:

„In disem hauß vonn alter art,
Hat offt geruet nach langer fahrdt,
Herr Keyser Carl der fünfft genandt,
In aller welt gar wol bekhannt,
Der hat auch hie zue gueter stundt,
Geküsset einer Jungkfraw mundt,

Dieselb die hiess bey fern und nah,
Man nur die scheene Barbara,
Ihr Stamm war pieder, schlicht und recht,
Pluemberger schrieb sich dass geschlecht,
Dem bracht deß Keysers Lieb vil leid,
Doch trost und Heyl der Cristennhait,

Dann drauß erwuchs, dem Vatter gleich,
Der Don Juan von Oeßterreich,
Der bey Lepanto inn der schlacht,
Vernichtet hat der Türckhenn Macht,
Der Herr vergellts Ihm alle zeit, So yetz wie auch
inn Ewigkeit,

Weil aber solch ain theurer Heldt,
Und Retter fuer die gantze welt,
Zue Regennspurg geporenn war,
So stelt sich hie Sein bildtnuß dar,
Ir wisst nun waß Ir wissen solt,
Erzelt es weiter wan Ir wolt.“

Porträtrelief und Inschrift wurden 1865 angebracht. Den Text verfasste der Regensburger Lokalhistoriker C.W. Neumann.

Auch die Sage hatte sich selbstverständlich dieses denkwürdigen Ereignisses bemächtigt und bezeichnet – nach dem

Lokalhistoriker Walderdorff – „das goldene Kreuz und sogar ein bestimmtes Gemach in demselben als die Geburtsstätte des Helden", obwohl „diese Legende doch weder eine geschichtliche Grundlage noch die Wahrscheinlichkeit für sich" hat.

Das heißt also, wir müssen, trotz fehlender zeitgenössischer Quellen und Nachrichten, davon ausgehen, dass Barbara am 24. Februar 1547 – zugleich des Kaisers 47. Geburtstag – einem Sohn das Leben schenkte, höchstwahrscheinlich im elterlichen Hause in der Kramgasse zu Regensburg. Karl V. erfuhr von der Geburt seines Sohnes vermutlich in Ulm, wo er seit dem 8. Januar 1547 weilte. Der Kaiser leugnete seine Vaterschaft nicht, hielt sie jedoch bis über seinen Tod hinaus geheim.

Der Reichstag zu Regensburg war am 24. Juli 1546 ohne sichtbares Ergebnis verabschiedet worden und im August des Jahres 1546 hatte der Kaiser dem protestantischen Bund von Schmalkalden den Krieg erklärt. Bald war ganz Süddeutschland unterworfen und der spanische General Alba konnte gegen die kurfürstlich-sächsische Armee vorrücken. Die Kaiserlichen errangen bei Mühlberg an der Elbe den entscheidenden Sieg. Damit war der Schmalkaldische Bund zerschlagen und der Kaiser konnte den Protestanten auf dem so genannten geharnischten Reichstag zu Augsburg 1548 die harten Bedingungen des Augsburger Interims diktieren. In diesen Jahren fühlte sich Kaiser Karl V. ganz als Sieger. Jetzt befand er sich auf dem Höhepunkt seiner Macht.

Die ehemalige Geliebte Barbara Plumberger (Blomberg) führte man einem kaiserlichen Beamten namens Hieronymus Kegel zu. Mit der Stiftung dieser Ehe wähnte man sie genügend versorgt und abgefunden. Die versprochene Mitgift kam dann allerdings erst nach dem Ende der Ehe zur Auszahlung. 1551 zog das Ehepaar Kegel nach Brüssel, wo Barbaras Gatte als Musterungs- bzw. Kriegskommissär tätig war. In den Augen der Mächtigen und Eingeweihten fand damit die kaiserliche Liebesgeschichte ein zufriedenstellendes Ende.

Vom Schicksal des Knaben, der 1547 in Regensburg geboren worden war, hören wir erst drei bis vier Jahre später wieder etwas. Offenbar verblieb der blonde und blauäugige Hieronymus, wie er genannt wurde, zunächst in der Obhut seiner Mutter. Allerdings können wir dies nicht mit Bestimmtheit sagen. Die Namensgleichheit zwischen dem Kind und dem späteren Ehemann Barbara Blombergs lässt aber vermuten, dass die drohende uneheliche Geburt und ledige Mutterschaft durch eine sofortige Heirat bzw. ein frühes Verlöbnis mit Hieronymus Kegel kaschiert wurde.

Als jedoch ein Hofmusiker des Kaisers, der Flame Frans Massi, um seine Entlassung bat, wurde der kaiserliche Spross wieder aktenkundig. Der Violinspieler Frans Massi (Franz Massy) wünschte sich mit seiner Frau Anna (Ana) in einem kastilischen Dorf zur Ruhe zu setzen, denn dort hatte Anna de Medina ein Anwesen geerbt. In diesem Zusammenhang ist uns ein Dokument überliefert, welches eine Vereinbarung über die weitere Pflege und Erziehung des Knaben Hieronymus enthält: „Ich, Franz Massy, violeur S. M., und Anna de Medina meine Gattin, wissen und bestätigen, dass wir einen Sohn des Adrian de Bues, Kammerdieners S. M., auf dessen Bitte übernommen haben, dass er uns ersucht hat, ihn als unser eigenes Kind zu übernehmen, zu pflegen und zu erziehen und niemanden zu sagen oder zu erklären, wessen Kind er ist, weil Herr Adrian unter keiner Bedingung will, dass seine Frau oder eine andere Person es erfahre, oder davon reden höre. Deshalb schwören ich, Franz Massy, und Anna de Medina, meine Frau, und unser Sohn, Diego de Medina, und versprechen dem genannten Herrn Adrian, keinem Menschen zu sagen oder zu erklären, wessen Sohn der genannte Knabe ist, sondern ich werde sagen, dass er der meinige ist, bis Herr Adrian persönlich erscheint. Und weil Herr Adrian diesen Fall geheim halten will, hat er mich ersucht, ein gutes Werk zu tun und den besagten Knaben in Pflege zu nehmen, was ich und meine Frau sehr gerne tun; und ich bestätige, für die

Reise mit diesem Kinde, für ein Pferd samt Sattelzeug und für die Leistung der versprochenen einjährigen Pflege von Herrn Adrian hundert escudos erhalten zu haben, und es wird bestimmt, dass das besagte Jahr vom ersten Tag des Monats August des laufenden Jahres an zu zählen sei. Damit bin ich zufrieden und erachte mich für dieses Jahr entschädigt: und zum Zeugnis der Wahrheit habe ich dieses mit meiner Unterschrift unterfertigt, ebenso auch meine Frau; und weil meine Frau nicht unterschreiben kann, habe ich Oger Bodoarte ersucht, es an deren Stelle mit ihrem Namen zu unterschreiben. Und von da an gibt mir Herr Adrian fünfzig Dukaten jährlich für die Pflege des Knaben. Gegeben zu Brüssel am 13. des Monats Juni 1550."[6]

Hier begegnen uns zwei Personen, die offenbar in das Geheimnis der Geburt eines kaiserlichen Sohnes von Anfang an eingeweiht waren: Karls Kammerdiener Adrian du Bois (de Bues) und sein Kammerpförtner Ogier Bodart (Oger Bodoarte). Die zukünftigen Pflegeeltern des kleinen Hieronymus wussten über die eigentliche Abstammung ihres Pflegekinds nur, dass er ein unehelicher Sohn des kaiserlichen Kammerherrn sei. Ob sie anderes vermutet haben, ist nicht zu klären. Auch bleibt ungewiss, wann Hieronymus die Reise nach Spanien antrat.

Im Juli 1550 rief Kaiser Karl V. wiederum einen Reichstag zu Augsburg ein und war daher am 31. Mai 1550 von Brüssel aufgebrochen. In seiner Begleitung befand sich Prinz Philipp. Sie reisten über Aachen, Köln und weiter per Schiff auf dem Rhein nach Speyer. Von dort aus ging es über Esslingen und Donauwörth nach Augsburg. Der Kaiser wohnte im Hause des reichen Fugger und Prinz Philipp hielt sich in Augsburg etwa ein Jahr lang auf. Jedenfalls verließ der Infant mit seinem Gefolge die Stadt erst am 25. Mai 1551, überquerte die Alpen, machte einige Tage in Trient Halt, schiffte sich dann in Genua ein und landete am 12. Juli 1551 in Barcelona.

Es erscheint daher als recht realistisch, dass Massi seinen kaiserlichen Herrn nach Augsburg begleitete, um dann dort im Gefolge Philipps mit seiner Familie und dem kleinen

Pflegesohn nach Spanien zu reisen. Somit kann man den Schluss ziehen, dass Hieronymus 1551 in Augsburg von seiner leiblichen Mutter Barbara, verheiratete Kegel, an seine Pflegeeltern übergeben wurde. Unterstützt wird diese Auffassung durch einen Eintrag in den Regensburger Vormundschaftsrechnungen der Familie Plumberger von 1551: „Item: Ghein Augsburg sambt Vierdt; verzert 3 fl."[7] Diese vier Reisenden waren wohl Barbara und Hieronymus Kegel, Frau Sibilla, Barbaras Mutter, und ihr vierjähriger Enkel Hieronymus.

Noch im Sommer 1551 bezogen die Massis mit ihrem Schutzbefohlenen das Anwesen in Leganes. In dieser Ortschaft, nur wenige Kilometer südwestlich von Madrid an der Straße nach Toledo gelegen, verbrachte Jerómino, wie Barbaras und des Kaisers Sohn nun genannt wurde, Jahre einer unbeschwerten Kindheit.

Für eine angemessene Unterweisung sollte der Kurat Bautista Vela sorgen, so hatte es zumindest die schriftliche Instruktion des kaiserlichen Majordomus Luis de Quijada bestimmt.[8] Dieser aber entledigte sich der ungeliebten Aufgabe, zumal über die Herkunft des Knaben Stillschweigen auch gegenüber dem Geistlichen bewahrt wurde, und überstellte den Schüler an seinen wenig gebildeten Sakristan Francisco Fernandez, obwohl die Anweisung ausdrücklich lautete, „sich um den Knaben zu kümmern und sich um seine Erziehung anzunehmen, die wohl nicht die eines einfachen Bauernkindes sein dürfe."[9]

Da aber alle im Dorf glaubten, dass Jerónimo ein unehelicher Sohn von Francisco Massy (Frans Massi) sei und dieser bald nach seiner Ankunft in Spanien starb, kümmerte sich niemand darum, eine ernsthaftere Form der Erziehung für Jerónimo zu installieren. Anna de Medina selbst war Analphabetin; es war ihr daher nur möglich, den Knaben zu umsorgen und ihm ein gemütliches Heim zu bieten. So brachte man dem Bastard des Kaisers, wie früher die unehelichen bzw. natürlichen Kinder genannt wurden, nur die Grundzüge des Lesens und Schreibens bei. Recht viel mehr lernte er dann auf der Schule von Getafe, die er bald gemeinsam mit den Bauernkindern im benachbarten Dorf besuchte, auch nicht.

So lebte der kleine Jerónimo fast vier Jahre in gänzlicher Freizügigkeit in Leganes. Die Tage ausgefüllt mit Spielen und Streichen, wie es einem Dorfbuben geziemte, nicht jedoch dem Sohn eines hoch stehenden Mannes.

Offenbar wurden die Berichte, die an Quijada über die Fortschritte des Knaben geschrieben werden sollten, immer spärlicher und unbefriedigender, sodass man schließlich beschloss, den Knaben besser unterzubringen – seiner Abstammung gemäßer.

Eines schönen Tages im Jahre 1554 fuhr eine noble Kutsche durch das Dorf Leganes und hielt vor Anna de Medinas Haus. Ein eleganter flämischer Herr entstieg ihr und stellte sich als Charles Prevost vor, als Abgesandter des Kammerherrn Adrian Dubois. Die Bestimmungen des vor vier Jahren geschlossenen Pflegevertrags zwangen nun die Witwe Massis, den ihr lieb gewordenen Knaben herauszugeben. Bereits den folgenden Tag fuhren Prevost und Jerónimo mit dem Ziel Valladolid davon.

Valladolid war damals spanische Hauptstadt, nicht Madrid. Hier residierte die Regentin Juana, Tochter Kaiser Karls V. und Schwester des Infanten Philipp, der gerade nach England aufgebrochen war, um Königin Maria Tudor zur ehelichen.[10] Von der Anwesenheit ihres Halbbruders erfuhr die Regentin nichts; das Geheimnis um den Knaben blieb gewahrt. Prevost stieg mit ihm für kurze Zeit im Kloster de Descalzos zu Valladolid ab, um Jerónimo passend für seinen neuen Aufenthaltsort einzukleiden. Dann machten sie sich wieder auf den Weg und erreichten bald Villagarcía de Campos, ein Dorf mit Kastell unweit Valladolid gelegen.

Jerónimo war inzwischen sieben Jahre alt, „ein schöner Knabe mit funkelnden Augen, hoher Stirn, langem blonden Haar, kräftig, gewandt und kühn."[11] So nimmt es nicht Wunder, dass Anna de Medina sich nur ungern und unter Tränen von ihrem Pflegesohn verabschiedet haben soll.[12]

Kapitel 2

„Der Sohn eines großen Mannes“

Villagarcía

Im Kastell von Villagarcía, unweit von Valladolid gelegen, lebte umgeben von niedrigen Hügeln, inmitten der Weingärten und Getreidefelder, Doña Magdalena de Ulloa, die Gemahlin Don Luis Quijadas.[1] Magdalena de Ulloa Tolédo Osório y Quinoñes entstammte der kastilischen Hocharistokratie. Ihre Familie führte ihre Wurzeln sogar bis auf königliche Ursprünge zurück. Früh verwaist, nahm sich ihr Bruder Don Rodrigo de Ulloa, Marquis von la Mota, der Elternlosen an. Er vermittelte Magdalena eine vorteilhafte Heirat mit Luis Mendez Quijada Manuél de Figueredo y Mendoza.

Luis Quijada war Herr von Villagarcía, Villanueva de los Caballeros und Santofimia sowie von Villamayor in Tierra de Campos. Am 29. Februar 1549 ehelichte die 24-jährige Magdalena den etwa doppelt so alten Luis Quijada in dessen Abwesenheit. Der Bräutigam ließ sich, wie damals durchaus üblich, bei der Zeremonie von einem Bevollmächtigten vertreten. Als die Eheleute sich schließlich persönlich kennen lernten, zeigten sich beide beeindruckt: der Gemahl von der Schönheit, Klugheit und Tugendhaftigkeit seiner Braut, die Gemahlin von der edlen Gesinnung und der Großmut ihres Bräutigams. Die Ehe verlief durchaus glücklich, blieb allerdings kinderlos.

Doña Magdalena lebte die meiste Zeit des Jahres allein im Kastell von Villagarcía, das heißt ohne ihren Ehemann, denn dieser stand in kaiserlichen Diensten und folgte Karl V. überall hin. Luis Quijada entstammte einer altkastilischen Adelsfamilie, die bereits Jahrhunderte lang den königlichen Hof mit Dienern und Soldaten versorgt hatte. Er begann seine Laufbahn als Page des Kaisers und führte später die kaiserliche Infanterie in Afrika wie in den Niederlanden. Für seine Verdienste wurde Luis Quijada mit dem Rang eines Obersten sowie mit dem Posten des kaiserlichen Vizekammerherrn belohnt. Auch war er zum Vertrauten Kaiser Karls V. avanciert, zu seinem Majordomus und zum Beschützer des kaiserlichen Bastards Jerónimo. Der Kaiser soll persönlich Quijada gebeten haben, seinen natürlichen Sohn Jerónimo in Vallagarcía bei Magdalena de Ulloa unterzubringen und dort angemessen erziehen zu lassen.

Luis Quijada kannte von Anfang an das Geheimnis um Geburt und Abstammung des Kindes. Ja, Quijada selbst galt sogar als Urheber des alten Arrangements in Leganes wie nun auch des neuen in Villagarcía. Jedenfalls schrieb er an seine Gemahlin im Februar 1554 von Brüssel aus und teilte ihr mit, dass ihr demnächst ein Knabe namens Jerónimo übergeben werde und bat sie „um der Liebe willen, die er zu ihr empfinde und die sie ihm stets bezeigt habe, den Knaben in ihre Obsorge zu übernehmen, ihn mütterlich zu beschützen und zu erziehen." Ferner hob er hervor, dass das Kind der natürliche Sohn eines seiner besten Freunde sei, dessen Namen er aber nicht verraten dürfe, für dessen Adel und Ansehen er sich aber verbürge. Hinzu fügte er noch, „dass obwohl die Erziehung des genannten Knaben Jerónimo der eines Kavaliers entsprechen solle, es doch seines Vaters Wille sei, dass man keine solche Ambition in ihm erwecke und ihm keine andere Kleidung erlaube als die eines schlichten Bauernkindes, als welcher er ihr übergeben werden würde. Endlich sei es Wunsch des Vaters, dass der Knabe Jerónimo mit aller in diesem Falle gebotenen Vorsicht und Klugheit zu geistlichem Stande hingeleitet werden möge, ohne einen derartigen Entschluss beim Knaben zu erzwingen und ohne der Fügung Gottes vorzugreifen."[2]

In dem „Sohn eines großen Mannes" – wie dies der Briefschreiber weiterhin kundtat – vermutete Magdalena de Ulloa, die damals 29 Jahre alt und kinderlos war, den illegitimen Sohn ihres Gemahls.[3] Diese Auffassung schien sich noch zu bestätigen, als Don Luis eines nachts bei einem Feuerausbruch im Kastell zunächst den Knaben und dann erst seine Frau rettete.

Im Frühling 1554 kam Jerónimo in Villagarcía an. Er war sieben Jahre alt, lebhaft und intelligent, außergewöhnlich hübsch mit seinen blonden Locken und klaren himmelblauen Augen.[4] Prevost meinte in einem Brief an Quijada über Jerónimo, dass dieser „zwar einen guten Verstand besitze, ansonsten aber die Umgangsformen eines Bauerntölpels habe."[5] Doña Magdalena scheint den Knaben bald in ihr Herz geschlossen zu haben und nannte ihn Jeromín. Dieser wiederum sagte zu ihr, die ihm zur wahren Mutter wurde, „tía" (Tante) und zu Don Luis später „tío" (Onkel). Dennoch beriet Doña Magdalena sich zunächst mit ihrem Bruder, dem hochgebildeten Dominikaner Fr. Domingo de Ulloa, wie sie mit dem Kind verfahren solle. Sie verheimlichte ihm nicht ihre Vermutung über die vermeintliche Vaterschaft ihres Gemahls, letztendlich aber obsiegte ihr Mitleid mit dem allein gelassenen Kind.

Magdalena de Ulloa bewohnte zusammen mit ihrer Dienerschaft das Kastell. Sie hatte zwei Ehrendamen – die adeligen Witwen Doña Isabel und Doña Petronilla de Alderete – als Gesellschafterinnen bei sich und wurde von vier Mädchen bedient. Zwei Schildknappen, namens Diego Ruiz und Juan Galarza, sowie drei Pagen, der Haushofmeister Pedro Vela und der Rentmeister Luis de Valverde unterstützten sie bei der Leitung des Gesindes für die Küche, Stallungen und die Wirtschaftsgebäude. Außerdem befanden sich noch sechs ehemalige Soldaten als Wachpersonal auf der Burg, dazu zwei Kapläne, welche die Burgkapelle und das alte Kirchlein San Lazaro bedienten. Man speiste nach alter Sitte gemeinsam

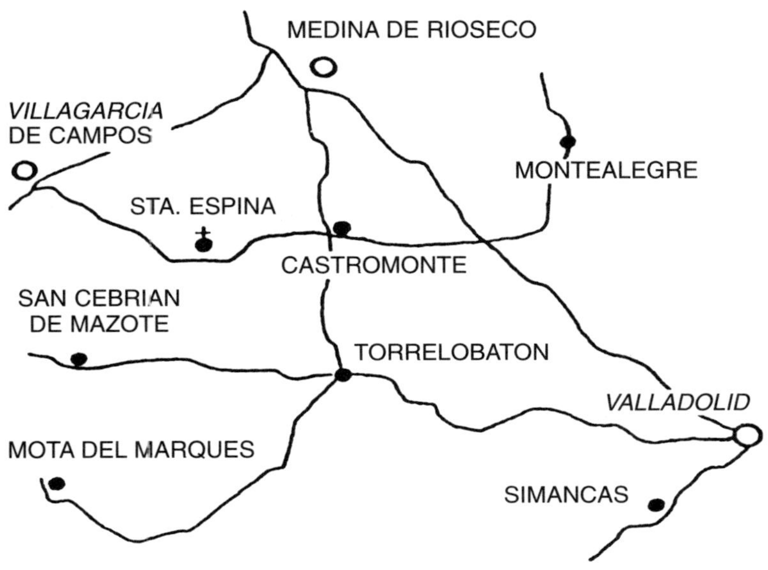

UMGEBUNG VON VALLADOLID

In Villagarcía wuchs Don Juan de Austria unter dem Namen Jerónimo auf. In der Nähe des Klosters Sta. Espina traf König Philipp II. erstmals mit seinem Halbbruder zusammen, bevor er ihn am Hofe zu Valladolid offiziell anerkannte.

an einer großen Tafel und der Neuankömmling erhielt einen Platz zwischen den Ehrendamen und den Schildknappen. Täglich hörte er mit Doña Magdalena die Messe in der Burgkapelle und an Sonn- und Feiertagen besuchten sie die dörfliche Pfarrkirche San Pedro.[6]

Doña Magdalena beschäftigte sich in ihren Mußestunden, wie es einer Dame von Stande geziemte, mit Stickereien und Nadelarbeiten. Sie spann auch und überwachte das Weben der Stoffe. Eigenhändig fertigte sie Jerónimos Hemden an; sein Leben lang soll er keine anderen getragen haben.[7]

Hier im Kastell von Villagarcía verbrachte der kaiserliche Bastard glückliche Jahre, wenn auch sein Tagesablauf streng durchgeplant war: vormittags Schulunterricht und nachmittags körperliche Übungen. Zwei Kapläne, Garzia Morales und ein Doktor der Universität Salamanca namens Guillen Prieto, unterwiesen ihn in Schreiben und Lesen, in Mathematik, Religion, Latein, Griechisch, Grammatik, Rhetorik und Literatur. Am meisten schätzte Jeromíno davon Mathematik, Astronomie und auch Geschichte; Französisch erlernte er von einem eigens engagierten Flamen. Juan Galarza, ein Schildknappe und alter Waffengefährte von Don Luis, unterrichtete den Knaben im Reiten und im Gebrauch der ritterlichen Waffen sowie in anderen militärischen Künsten wie Taktik, Artilleriewesen und Befestigungsanlagen.[8]

Doña Magdalena leitete Jerónimo in der tätigen Nächstenliebe an und machte ihn vertraut mit dem „Luxus guter Werke".[9] Nach ihrer Auffassung lagen die Pflichten ihres Standes in der Linderung der Not der Armen, der Befriedigung ihrer kulturellen Bedürfnisse und Förderung der Religion. Sie erbaute daher Gotteshäuser, Spitäler, Schulen, Missionen, gab reichlich Geschenke und Gelder, sodass man sie nach ihrem Tode ehrend als „Gottes Almosengeberin" bezeichnete.[10] Zu bestimmten Zeiten des Tages empfing die Herrin von Villagarcía Bedürftige des Dorfes und Jerónimo musste ihr bei der Verteilung der milden Gaben zur Hand gehen.

Jerónimo entwickelte sich unter Doña Magdalenas Fürsorge prächtig, erwies sich allerdings beim Studium der wissenschaftlichen Fächer nicht recht gelehrig, zeigte dafür beim Reiten und in den Waffenübungen viel Talent. Sein Lehrer Juan Galarza war begeistert über seine feste und sichere Hand, über seine Lebhaftigkeit und Verwegenheit. Er schrieb an Fr. Domingo de Ulloa, den Bruder seiner Herrin: „(…) und wenn er das kleine Pony oder das römische Maultier meines verstorbenen Herrn Don Alvaro besteigt, da ist er, als wäre er von einem munteren, unruhigen Teufel besessen, der ihn heiter stimmt und flink und verwegen macht wie keinen anderen."[11] Schon sehr bald offenbarte sich für alle, dass der Knabe nicht für den Beruf eines Geistlichen bestimmt war, sondern – wie dies sein Lehrer Galarza ausdrückte – wohl eher „ein zweiter Luis Quijada" werden würde.[12]

Am 8. Juli 1559 berichtete Luis Quijada: „Mein Schützling ist bei guter Gesundheit, er wächst heran und es geht ihm ausgezeichnet. Er setzt seine Studien unter großen Schwierigkeiten fort, und es gibt nichts, das er mehr hasst; aber er lernt Französisch, und die paar Worte, die er kennt, kann er sehr gut aussprechen; die Sprache jedoch zu erlernen, so wie es Eure Majestät wünscht, wird viel Zeit und noch mehr Fleiß erfordern. Reiten auf militärische Weise und wie in der Manege ist ihm größtes Vergnügen, (...) er kämpft gut und wirft die Lanze recht geschickt, obwohl er nicht sehr kräftig ist."[13]

1556 dankte Kaiser Karl V. müde und leidend ab. Jerónimo befand sich damals schon zwei Jahre in Villagarcía. Er war jetzt neun Jahre alt und hatte in seinem Leben bereits drei Mütter und Väter gehabt: die leiblichen Eltern Barbara Blomberg und Kaiser Karl V., die er beide nicht kannte; die ersten Pflegeltern Anna de Medina und Franz Massi, an die er sich nur mehr schwach erinnerte, und jetzt Magdalena de Ulloa und Luis Quijada. Zu Letzteren entwickelte der kaiserliche Bastard eine starke emotionale Bindung, die ein Leben lang anhielt.

Yuste und Karl V.

Als sich Kaiser Karl V. von den Staatsgeschäften 1556 zurückzog und abdankte, übergab er das Königreich Spanien samt seinen Besitzungen in Italien, in der Neuen Welt sowie die Niederlande an seinen einzigen legitimen Sohn Philipp. Die österreichischen Lande und die Nachfolge im Reich gingen an seinen Bruder Ferdinand.

Karl, ermüdet und frustriert vom Lauf der Politik in Europa und Übersee, übersiedelte in einen kleinen, abgeschiedenen Ort im Nordwesten der spanischen Provinz Estremadura. In Yuste lag das Kloster San Jerónimo, das zu Beginn des 15. Jahrhunderts gegründet worden war. Hier in seiner Nachbarschaft, im schönen Tal der Vera, wünschte der Herrscher über ein Weltreich seine letzten Jahre friedvoll zu verbringen.

Mit einer Flotte von 56 Schiffen segelte Karl von Vlissingen nach Spanien und ging am 28. September 1556 im Hafen von Laredo an der Nordwestküste Spaniens an Land. Über Burgos und Valladolid reiste er gemächlich nach Jarandilla westlich von Toledo. Dort wartete er noch etwa drei Monate auf die Fertigstellung seines Landhauses in Yuste, das er am 5. Februar 1557 endlich beziehen konnte.

Die einstöckige Villa mutete eher italienisch als spanisch an und war ganz nach Karls Vorstellungen erbaut. Im Erdgeschoss wie im Stockwerk darüber gab es jeweils vier große Räume. Von seinem Winterschlafgemach in der ersten Etage aus konnte Karl direkt auf den Hochaltar der Klosterkapelle blicken und so, selbst als Bettlägriger, an der Messe teilhaben. Im Sommer bewohnte Karl das kühlere Schlafzimmer im Parterre; von hier aus konnte er den schattigen Garten und die Kühle der Springbrunnen genießen.

Karl lebte aber nicht wie ein Mönch, wie es so häufig behauptet wird. Er ließ seine Villa mit flämischen Wandteppichen und üppigen Vorhängen, mit herrschaftlichen Möbeln und kostbaren Gemälden ausstatten. Auch brachte er seine geliebte Uhrensammlung sowie Bücher und geographische Karten mit, um sich in den Mußestunden damit zu beschäftigen.

Außerdem sammelte sich um Karl noch ein beachtlicher Hofstaat, deren Leitung Luis Quijada übernahm. Des weiteren waren in Yuste anwesend Karls flämischer Arzt Mathys sowie ein Apotheker mit seinem Gehilfen, Karls baskischer Sekretär Martin Gaztelu, der berühmte italienische Uhrmachermeister Giovanni Torriano, genannt Juanelo, die altvertrauten Kammerherren Prévost und Bodart, der hochgebildete Kammerherr und Privatsekretär von Male, vier weitere Kammerherren sowie eine große Zahl von Bediensteten und Knechten. Im Ganzen zählte der Hof in Yuste über 50 Personen; im Kloster selbst lebten zudem 38 Mönche.

So verbrachte Karl seine Tage nicht einsam und in Abgeschiedenheit, wenn er auch Besuche nicht allzu gern empfing. Trotzdem nahm er noch weiterhin am Weltgeschehen teil und spendete König Philipp II. wie auch seiner Tochter Juana, die in Philipps Abwesenheit Spanien regierte, reichlich und beständig wertvollen Rat. So gab es ein beständiges Kommen und Gehen von Kurieren, die Briefe und Depeschen transportierten.

Hier in Yuste sah der alte Kaiser auch erstmals seinen natürlichen Sohn Jerónimo. Quijada hatte im Frühsommer 1558, mit verschiedenen Aufträgen versehen, Yuste verlassen und brachte bei seiner Rückkehr im Juli – auf des Kaisers ausdrücklichen Wunsch hin – seine Gemahlin sowie deren Pflegesohn mit.[14] Magdalena de Ulloa bezog mit ihrem Gefolge ein Haus im benachbarten Ort Cuacos, und Luis Quijada soll den inzwischen elfjährigen Knaben als seinen Ehrenpagen an Karls Hof eingeführt haben.[15]

Karl V. starb am 21. September 1558. Bereits seit 30 Jahren litt er an der Gicht: „1557 war er ein alter Mann, ein Krüppel, der kaum die Hände gebrauchen konnte und für den es schwer, oft unmöglich war, zu gehen."[16] Die von den Ärzten verordnete Diät hielt Karl nicht ein, im Gegenteil, er verfiel immer mehr der Völlerei und dem übermäßigen Biergenuss. Auch ein Hämorrhoidenleiden und die Zuckerkrankheit machten ihm zu schaffen, gestorben ist er jedoch an der Malaria.

Am 30. August 1558 nahm Karl „eine Mahlzeit auf der Terrasse ein, aber kurz darauf begann er sich nicht wohl zu fühlen. Er klagte über Kopfschmerzen, ein Gefühl der Schwere, großen Durst und Fieber und fand wenig Ruhe in dieser Nacht. Am folgenden Tag hatte er abwechselnd Schüttelfrost und Fieber und verlor das Bewusstsein."[17] Die herbeigerufenen Ärzte konnten Karls Leben nicht mehr retten. Die Malariainfektion nahm ihren Verlauf, und Karl starb wenige Wochen später.

Angeblich befand sich auch Jerónimo am Bett des Todkranken, ohne zu wissen, dass der Sterbende sein Vater war.[18] Manche Biografen berichten, dass der Knabe in des Kaisers Gemächern nach eigenem Gutdünken aus und ein ging.[19] Dies erscheint aber eher unglaubwürdig, denn das Wohnhaus

„Don Juan wird seinem natürlichen Vater Kaiser Karl V. vorgestellt"

Diese hier dargestellte Szene im Altersruhesitz des abgedankten Kaisers zu Yuste ist historisch nicht verbürgt. Das Gemälde von Eduardo Rosales Martinez entstand erst über dreihundert Jahre später 1869. (Cason del Buen Retiro, Madrid)

seiner „Tante" befand sich eine gute Strecke vom Kloster entfernt und daher kann der Knabe nicht viel in den wenigen Wochen seines Aufenthalts (von Juli bis September) von seinem kaiserlichen Vater gesehen haben.[20]

Bei den Trauerfeierlichkeiten für den verstorbenen Kaiser in Yuste war Jerónimo allerdings anwesend, dies ist erwiesen.[21] Denn die Klosterbrüder bemerkten erstaunt, dass Luis Quijada und der Knabe die ganze Zeit, während der ermüdenden dreitägigen Zeremonien hindurch, ruhig und aufrecht Spalier standen.[22]

Immerhin hatte Karl V. auf dem Sterbebett noch der Mutter seines natürlichen Sohnes gedacht und Barbara Blomberg eine Rente vermacht. Auch der Knabe ging nicht leer aus. Bereits am 6. Juni 1554 hatte der Kaiser in Brüssel ein Testament abgefasst und dieses noch durch ein Kodizill ergänzt, welches behandelt und befolgt werden sollte wie eine Klausel seines letzten Willens. Dem kaiserlichen Testament war zudem ein Brief in einem Umschlag beigefügt mit der eigenhändig verfassten Aufschrift: „Nur der Prinz, mein Sohn, darf diese Schrift öffnen, falls er nicht mehr leben sollte, nur mein Enkel Don Carlos und falls dieser gestorben wäre nur mein Erbe oder meine Erbin in Gemäßheit dieses Testamentes zur Zeit der Eröffnung desselben."[23]

In diesem Schriftstück erinnerte sich Karl seines Kindes von Barbara Blomberg und äußerte den Wunsch, dass der Knabe entweder in den geistlichen Stand treten solle oder, falls er das weltliche Leben vorziehe, mögen ihm aus den „Einkünften des Königreichs Neapel 20 000 bis 30 000 Dukaten" jährlich ausbezahlt werden.[24] Bei der Höhe dieser vererbten Summe hatte Karl durchaus ein standesgemäßes Leben für seinen Bastard im Auge. Denn er selbst verfügte in seinem Altersruhesitz Yuste ebenfalls über ein Budget von 20 000 Dukaten.

Des Kaisers Verfügung lautete wörtlich:

„Außerdem, was in diesem Testament enthalten ist, sage und bekenne ich, dass ich, als Witwer in Deutschland weilte, von einem ledigen Weibe einen natürlichen Sohn bekam, der Jeronimo heißt, und dass aus Gründen, die mich dazu bewegen, es meine Absicht gewesen und noch ist, dass er, wenn es gütlich geschehen kann, aus freiem, spontanen Willen in einem Orden reformierter Mönche das Habit nehme, wozu er sich aber ohne Gewalt oder Zwang entschließen soll. Wenn dies aber nicht geschehen könnte und er lieber den weltlichen Stand wählen würde, so ist es mein Wille und befehle ich, dass ihm auf normalem Wege eine jährliche Rente von zwanzigtausend bis dreißigtausend Dukaten im Königreiche Neapel gegeben werde, wobei die Ortschaften und die Vasallen für diese Rente bestimmt werden sollen. Was die Festsetzung derselben sowie des Betrages dieser Rente anbelangt, so sei diese Summe so, wie der Prinz, mein Sohn, es meint, ich überlasse es ihm; und wenn er nicht mehr sein sollte, dann sei es so, wie mein Enkel, der Infant Don Carlos oder die Person, die in Gemäßheit dieses Testamentes zur Zeit der Eröffnung desselben mein Erbe oder meine Erbin sein wird, es für gut befinden wird. Und wenn der besagte Jeronimo in diesem Zeitpunkte in den von mir gewünschten Stand nicht eingetreten wäre, wird er diese Rente und diese Ortschaften besitzen sein ganzes Leben hindurch und nach ihm dessen Erben und von seinem Leibe stammenden legitimen Nachfolger. Und ich beauftrage den genannten Prinzen, meinen Sohn, und den genannten Enkel und jeden Erben, den ich zur Zeit der Eröffnung dieses meines Testamentes haben werde, den genannten Jeronimo in dem von ihm gewählten Stande zu ehren und ehren zu lassen und ihm die gebührende Hochachtung entgegenzubringen und alles, was in dieser Verfügung enthalten ist, zu halten, zu beobachten und zu vollziehen. Diese Urkunde habe ich mit meinem Namen eigenhändig unterfertigt und sie ist verschlossen und versiegelt mit meinem kleinen und geheimen Siegel und ist einzuhalten und zu vollziehen als Klausel zu meinem besagten Testamente. Gegeben zu Brüssel am sechsten Tage des Monats Juni 1554."[25]

Um die Auffindung des geheim gehaltenen außerehelichen Sohnes zu ermöglichen, hatte Karl für seine legitimen Erben noch hinzugefügt: „Wenn Ihr nicht wüsstet, wo sich dieser Jeronimo befindet, so könnet Ihr es von meinem Kammerdiener Adrian erfragen: oder wenn dieser schon gestorben wäre, von meinem Türhüter Oger, damit er Euch zu dem besagten Zwecke diene."[26] Diesen Verfügungen war noch eine Abschrift des ehemals mit Massi und Anna de Medina geschlossenen Vertrages beigelegt sowie zwei weitere Schreiben zu anderen Gegenständen. Das Ganze war zu einem Paket geschnürt und mit einer Notiz von Philipps Hand versehen: „Wenn ich vor Seiner Majestät sterbe, so soll das Paket ihm wieder übergeben werden; falls ich jedoch nach ihm sterbe, so händige man es meinem Sohn, oder, wenn dieser nicht mehr lebt, meinem Erben aus."[27] Offenbar waren oben erwähnte Dokumente vom Kaiser persönlich Philipp übergeben worden, als er die Niederlande 1556 verließ, um sich nach Yuste zurückzuziehen.[28]

Viele Historiker behaupten, dass Karl V. sich um seine illegitimen Kinder genau so gekümmert habe, wie um seine legitimen. Woher diese wohlwollende Wertung stammt, bleibt unklar, denn die Realität sah etwas anders aus. Wohl hatte Karl seine natürliche Tochter Margarete (geb. 1522) aus der Verbindung seiner Jugendzeit mit Johanna van der Gheenst öffentlich anerkannt, nicht jedoch seine Tochter Tadea (geb. 1535), die ihm Ursolina della Pedua aus Perugia geboren hatte. Das gleiche Schicksal erlitt Doña Juana, die ein Jahr nach Margaretes Geburt das Licht der Welt erblickte, im Nonnenkloster Madrigal erzogen wurde und früh verstarb.[29] Auch Jerónimo, Barbara Blombergs Sohn, anerkannte der Kaiser nicht zu seinen Lebzeiten in aller Öffentlichkeit. Dies überließ Karl seinen Erben.

Warum Karl V. bei seinem spät geborenen, natürlichen Sohn davor zurückschreckte, sich sofort öffentlich zu ihm zu bekennen, bleibt unklar. Manche vermuten fälschlicherweise in Person und Charakter Barbara Blombergs, der leiblichen Mutter, die Ursache für diese Geheimhaltung.[30] Aus moralischen Gründen geschah die kaiserlich verordnete Geheimniskrämerei sicher nicht. Denn einmal dachte man damals überhaupt nicht so streng – wie in späteren Jahrhunderten des bürgerlichen Zeitalters – über den Unterschied zwischen Kindern ehelicher und unehelicher Geburt, zum anderen schätzte und bevorzugte man nicht nur im damaligen Spanien die so genannten Bastarde sehr. Diese Wertschätzung nicht ehelicher Kinder gilt jedoch nur für natürliche Nachkommen des hohen Adels, auch des Klerus sowie der Herrscherhäuser der Renaissancezeit. Denn „es geschah geradezu im Interesse des in der Dynastie ruhenden Staates, dass die Fürsten, wenn möglich, eine Gruppe von männlichen Bastarden um sich sammelten, galten diese ihnen doch als die sichersten und verlässlichsten Werkzeuge ihrer Politik nach innen wie nach außen“[31], da ja auch von dem Wohl und Wehe des jeweiligen Fürstenhauses das Ansehen und die Karriere der so genannten Bastarde abhing. „‚Bastard‘ war damals ein Ehrentitel, der nicht weitervererbt werden konnte. Allgemein und in Spanien besonders waren diese Seitensprossen aus königlichem Blut hoch angesehen; und als zusätzliche Figuren auf dem Schachbrett dynastischer Diplomatie hatten sie politischen Wert."[32]

Karl dachte in Yuste wohl über seine Familie nach und ängstigte sich um den Fortbestand seiner Dynastie, zumal sich Philipps bislang einziger Sohn, Don Carlos, zu einem missgestalteten und neurotischen Knaben entwickelt hatte und deshalb für die Thronfolge ungeeignet erschien. Darin lag vermutlich der ausschlaggebende Grund für die jahrelange Hütung des Geheimnisses um Jerónimo. Denn wie leicht könnte sich da eine politische Fraktion um den kaiserlichen Bastard bilden, die ihn womöglich zum geeigneteren Thronprätendenten erhöbe. Karl V. hinterließ noch zwei Töchter Juana und Maria, die offenbar seine begabteren Kinder waren. Zumindest bewies dies Juana, welche während Philipps Abwesenheit in Spanien die Regentschaft mit großem Geschick führte. Erst nach Karls Tod erhielt König Philipp II. aus späteren Ehen noch weitere Kinder, darunter dann auch seinen Nachfolger Philipp III.

Ein Autodafé

Nach dem Tod seines Herrn blieb Luis Quijada noch einige Zeit (bis Ende November 1558) in Cuacos wohnen, um den kaiserlichen Haushalt in Yuste aufzulösen. Währenddessen besuchte Doña Magdalena, begleitet von Jerómino, den nahe gelegenen Marienwallfahrtsort Guadalupe. In diesen Tagen erhielt Luis Quijada ein Schreiben des Staatssekretärs Vazques, in welchem im Auftrag der Regentin Juana (Johanna) nach der wahren Identität des Knaben Jerónimo gefragt wurde. Offensichtlich hatten Gerüchte, ausgehend von Yuste, die Runde gemacht und nunmehr den königlichen Hof in Valladolid erreicht. Der treue Quijada versuchte sich herauszureden, um das Geheimnis des Knaben zu wahren, und antwortete: „Was den Knaben betrifft, der in meiner Obhut steht, so ist es wahr, dass er mir von einem meiner Freunde vor Jahren anvertraut wurde; man darf aber nicht glauben, dass er ein Sohn Seiner Majestät ist, wie man es angeblich dort verbreitet hat, denn der Kaiser hat weder in seinem Testamente, dessen Kopie er bei sich hatte und in seiner Gegenwart dem Gastelu, seinem Beichtvater und mir zu lesen gab, noch im späteren Kodizill davon Erwähnung getan; und nachdem sich die Sache so verhält, wüsste ich nicht, was ich darüber antworten soll."[33]

Don Quijada bezog sich hierbei auf einige testamentarische Verfügungen, die Karl V. kurz vor seinem Tode in Yuste noch anfertigen ließ. Vom Inhalt des Brüsseler Testaments und Kodizills schwieg er und wusste womöglich auch nichts darüber. Nur mit Karls Erben, König Philipp II. von Spanien, der sich noch in den Niederlanden aufhielt, stand der Getreue in regem brieflichen Kontakt und berichtete umgehend: „Zwanzig Tage nach dem Ableben Seiner kaiserlichen Majestät schrieb mir Juan Vazquez im Auftrage der durchlauchtigsten Prinzessin, ich solle ihm sagen, ob es wahr sei, dass sich ein Knabe in meiner Obhut befinde, wobei er mir zu verstehen gab, man habe behauptet, er sei ein Sohn Seiner Majestät und ich möge ihm öffentlich oder geheim bekannt geben, ob es sicher wahr sei, damit, wenn es so ist, die allfälligen Verfügungen des Kaisers in dieser Hinsicht erfüllt werden. Darauf antwortete ich, dass ich einen Knaben, Sohn eines mir befreundeten Kavaliers, bei mir habe und dass, nachdem Seine Majestät weder im Testament noch im Kodizill eines solchen Sohnes gedachte, Grund dafür vorliege, dies als Fabel zu betrachten, und dass ich nicht wisse, was ich öffentlich oder geheim noch darüber sagen solle. Und obwohl ich weiß, dass Euch bekannt ist, was daran ist und welche Unzukömmlichkeiten aus einer solchen Verlautbarung erwachsen könnten, habe ich zu meiner Entlastung darüber, dass man mir über das Gesagte geschrieben hat und ich auf anderem Wege erfahren habe, dass man davon spricht, doch für gut befunden, Euch hievon zu verständigen, damit Ihr wisset, dass ich in dieser Sache das getan habe, was ich tun muss und was meine Pflicht ist."[34] Juan Vazquez gab jedoch nicht gleich auf und versuchte es nochmals mit einer Anfrage, die Quijada abermals abwehrte.

Auf seiner Heimreise über Valladolid wurde der Herr von Villagarcía aber so oft mit besagtem Gerücht konfrontiert, dass er Philipp II. in dieser Sache nochmals in die Niederlande schrieb: „Das Gerücht über die Person, die, wie Eure Majestät wissen, sich in meiner Obhut befindet, ist hier so allgemein verbreitet, dass sich darüber, sowie über die Einzelheiten, die ich in dieser Beziehung zu hören bekomme, sehr erschrocken bin. Ich kam mit der Befürchtung hier an, dass die durchlauchtigste Prinzessin mich dazu drängen würde, ihr zu sagen, was ich darüber weiß: da ich aber zu einer solchen Mitteilung nicht die erforderliche Ermächtigung hatte, war ich entschlossen, nicht mehr zu sagen, als ich schon das erste Mal gesagt habe, worüber ich Eurer Majestät aus Yuste seinerzeit berichtete. Aber Ihre Hoheit war so rücksichtsvoll, dass sie mir bisher kein Wort darüber sagte und ich denke, jedem, der mich fragen sollte, nur das eine zu antworten, dass ich von dem, was das Volk sagt, gar nichts weiß: doch glaube ich, dass die durchlauchtigste Prinzessin, wie man mir sagte, wissen muss, was an der Sache Wahres sei. Aber damit Eure Majestät sich danach richten können, war es Seiner Majestät Wille, dass dies bis zur Ankunft Eurer Majestät geheim bleiben solle, und dass von da an das zu geschehen habe, was Eure Majestät befehlen. In dieser Sache will ich keine weiteren Mitteilungen machen als die, welche ich bei Lebzeiten Seiner Majestät gemacht habe. Ich sorge aber sehr dafür, dass er lerne, und dass man ihm alle seinem Alter und seinem Range entsprechenden Kenntnisse beibringe, denn es ist sehr notwendig, dass nach den kleinlichen Verhältnissen, in denen er aufgewachsen ist und sich befunden hat, bis er zu mir kam, man jetzt alle Sorgfalt für ihn aufwende. Es schien mir nun geboten Eure Majestät darüber zu informieren, was hier vorgeht, sowie über die von Seiner Majestät getroffenen und geplanten Verfügungen, damit Eure Majestät es wissen und anordnen, was zu tun sei. Die letzten zehn Tage hatte er heftiges

Fieber, aber Gott sei Dank, als ich gestern mein Haus verließ, war er fieberfrei und außer aller Gefahr."[35]

Der König antwortete wiederum eigenhändig und beruhigte Quijada, beschwor ihn, das Geheimnis bis zu seiner Rückkehr nach Spanien zu wahren, auch wenn hier in den Niederlanden alles schon allgemein bekannt sei.

So erholte sich Jerómino weitgehend unbehelligt in Villagarcía von seinem schweren Fieber und ging seinem geregelten Tagwerk, den Unterrichtsstunden, nach. Der Frühling des Jahres 1559 kam und mit ihm ein ganz besonderes Ereignis: das Autodafé vom 21. Mai!

Noch zu Lebzeiten des Kaisers wurde eine nicht unerhebliche Anzahl Anhänger der neuen lutherischen Lehre im katholischen Spanien entdeckt. Der Generalinquisitor Don Fernando de Valdés waltete seines schrecklichen Amtes und verfolgte die so genannten Häretiker mit aller ihm zu Gebote stehenden Strenge. Am Dreifaltigkeitssonntag des Jahres 1559 sollten nun die Abtrünnigen vom rechten Glauben bei einem Autodafé in aller Öffentlichkeit ihr Urteil und ihre gerechte Strafe empfangen. Der Großinquisitor war derart streng vorgegangen, dass innerhalb eines Jahres die Gefängnisse der Inquisition überfüllt waren und deshalb Platz gemacht werden musste.[36] Das anberaumte Autodafé unterschied sich von den bisher in Spanien bekannten. Zumeist hatte man Frauen und Männer der Zauberei angeklagt oder Moriscos, das heißt vom Islam zum Christentum Zwangsbekehrte, der heimlichen Ausübung ihres alten Glaubens bezichtigt, desgleichen zum Christentum übergetretene Juden. Nun aber standen da Angehörige des Adels, auch Damen der Hofgesellschaft sowie Geistliche, die fast im Nimbus der Heiligkeit standen, wie Dr. Augustin Cazalla, ein Lieblingskaplan des verstorbenen Kaisers. Auch soll sich unter den Delinquenten ein jüngerer Bruder von Doña Magdalena de Ulloa befunden haben, der bereits für die spanische Krone und den christlichen Glauben in Tunis und Algier gekämpft hatte.

Das Autodafé, das auf den 21. Mai 1559 angesetzt war,

wurde also mit höchster Spannung erwartet. Auch Magdalena de Ulloa begab sich in Begleitung ihrer Nichte Mariana de Ulloa und ihres Pflegesohns nach Valladolid, angeblich auf Anordnung ihres abwesenden Gemahls, der hiermit einem Wunsch der Regentin nachkam.[37]

Am frühen Morgen des Ketzergerichtstages nahm Doña Magdalena Ulloa mit ihrer Begleitung auf dem Hauptplatz von Valladolid den ihr zugewiesenen Platz ein. Um zur königlichen Loge zu gelangen, musste nun die Regentin Juana dicht an ihr vorübergehen. Sie hielt inne, um die Herrin von Villagarcía und den unbekannten Knaben zu begrüßen. Dabei umarmte Juana den Elfjährigen wider alle Etikette derart herzlich, dass dies allgemein Aufsehen erregte. Auch der Infant Don Carlos, der seine Tante begleitete, scheint sich ungehalten darüber geäußert zu haben. Vander Hammen schreibt sogar, dass die Regentin den Knaben dabei als Bruder ansprach, was jedoch gänzlich unmöglich ist, ohne die zuvorige offizielle Anerkennung durch den König. Auch hätte sie den Knaben eingeladen, neben ihr in der königlichen Loge zu sitzen, was jedoch sowohl von Don Carlos als auch von Jerónimo nicht gutgeheißen wurde. So blieb der Knabe bei seiner „Tante" Magdalena und verfolgte die schauerlichen Zeremonien und hörte voller Entsetzen die verkündeten Todesurteile. Die Hinrichtungen wurden dann allerdings außerhalb der Stadt und nicht vor dem versammelten Publikum vollzogen. Fünfzehn bedauernswerte Menschen wurden dabei auf ein kleines Podest gestellt, an einem Pfosten festgebunden und bevor der Scheiterhaufen entzündet war, von hinten erwürgt. Inzwischen verließ das Publikum die Galerien und Logen auf dem Hauptplatz Valladolids. Viele drängten sich dabei derart um den vermeintlichen Kaisersohn, dass dieser zu Tode getrampelt worden wäre, so ihn nicht ein beherzter Kavalier hochgehoben und damit gerettet hätte.

In der Folgezeit befand sich Jeronimo weiterhin bei Magdalena de Ulloa in Villagarcía, wovon ein Brief Quijadas vom 8. Juli 1559 an König Philipp II. zeugt. Dieser erklärte darin, dass zwei Mulis und ein blindes Pony auf Veranlassung des verstorbenen Kaisers in den Besitz seines Pflegesohns übergegangen seien. Des weiteren berichtete er über die geringen Fortschritte seines Pfleglings in seinen geistigen Studien sowie die guten Erfolge desselben beim Reiten und Kämpfen mit der Lanze.[38]

Kapitel 3

„Ich muss in Euch meinen Bruder erkennen“

Offizielle Anerkennung

König Philipp II. erfüllte ein Jahr nach des Kaisers Tod die Anordnungen seines verstorbenen Vaters und arrangierte ein erstes Treffen mit seinem Halbbruder. Ob Philipp überhaupt vor der Eröffnung der kaiserlichen Verfügungen von der Existenz eines Halbbruders erfahren hatte, bleibt unklar. Auf jeden Fall korrespondierte Luis Quijada mit dem König über den Knaben frühestens seit dem 12. Juli 1558. Hierbei kündigte er in einem Schreiben die sichere Ankunft seines Haushalts in Cuacos bei Yuste an. Und in einem langen Brief vom 17. September 1558 findet sich in der Nachschrift: „Was das andere betrifft, von dem Eure Majestät weiß, dass dies sich unter meiner Obhut befindet. Soll alle Fürsorge der Welt erhalten, bis Eure Majestät gekommen ist, oder mir Befehl erteilt, Eurer Majestät weitere Informationen über diese Sache zu geben.“[1] Deutlicher wurde Luis Quijada dann am 12. Oktober 1558, als er in einem Brief an Philipp II. die vom sterbenden Kaiser ausgesetzte Jahresrente für seine ehemalige Geliebte Barbara Blomberg erwähnte und erläuternd hinzufügte, das sei „die Mutter derjenigen Person, von welcher Eure Majestät Kenntnis besitzt.“[2] Allerdings wurde über die

Existenz eines kaiserlichen Sprosses zur Linken – wie dies so schön umschrieben wurde – schon vor des Kaisers Tod spekuliert und der Gesandte am Brüsseler Hof, Federigo Badoer, schrieb im Sommer 1557 an den Dogen wie den Senat von Venedig, dass es nicht nötig sei, über den natürlichen Sohn des Kaisers zu berichten, da dieser sehr jung und zudem niemals in der Nähe seiner Majestät zu sehen sei.[3]

Am 8. September 1559 landete Philipp II., aus den Niederlanden kommend, in Laredo an der spanischen Nordwestküste und erreichte sechs Tage später den Hof in Valladolid. Fünf Jahre lang hatte er sich fern von Spanien aufgehalten; zunächst als Prinzgemahl der englischen Königin Maria I.,[4] und sodann, nach der Abdankung Kaiser Karls V., in den spanischen Niederlanden. Jetzt – zum zweiten Mal verwitwet[5] – wünschte König Philipp II. von seiner Heimat Spanien aus die Erblande in Europa und der Neuen Welt selbst zu regieren. Als spanische Generalstatthalterin (1559 bis 1567) hatte er in den Niederlanden seine Halbschwester Margarete von Parma zurückgelassen.

Die erste Begegnung mit Jerónimo fand auf einem eigens dafür arrangierten Jagdausflug am 28. September 1559 beim Kloster San Pedro de la Espina, nicht allzu fern von Valladolid, statt. Luis Quijada brachte seinen Pflegesohn persönlich zum vereinbarten Treffpunkt. Dieser durfte zu dieser vermeintlichen Hochwildjagd einen Rappen anstelle des vertrauten Mulis reiten. Der kaiserliche Sprössling wusste von dem Zweck der Jagd nichts, wie er überhaupt bis zu diesem Zeitpunkt nichts über seine leiblichen Eltern erfahren hatte. Allerdings weihte Luis Quijada seine Gemahlin Magdalena de Ulloa, bevor er zu diesem folgenreichen Tage aufbrach, in das Geheimnis ihres Pflegesohnes ein.

Rasch näherte sich den abseits des Klosters Wartenden eine Gruppe Reiter. Der König wurde von Herzog Alba begleitet; die Jagdgehilfen waren etwas zurückgeblieben. Luis Quijada küsste dem König kniend die vom Sattel aus dargereichte Hand. Als auch Jerónimo seinen Handkuss anbringen wollte, stellte sich heraus, dass er noch zu klein war, um die königliche Hand zu erreichen. Daraufhin soll Philipp II. lächelnd abgestiegen sein, den Zwölfjährigen eingehend betrachtet und ihn ernst gefragt haben, wer denn sein Vater sei. Als der Ahnungslose aber verwirrt und verlegen nicht zu antworten wusste, habe er ihn liebevoll umarmt und tröstend gesagt: „Mut, mein Kind, du stammst von einem großen Manne ab. Kaiser Karl V., der jetzt im Himmel ist, ist dein und mein Vater."[6] Danach nannte der König ihn Bruder und zu den ihn begleitenden Herren gewandt, sagte er: „Erkennet und ehret diesen Jüngling als den natürlichen Sohn des Kaisers und als den Bruder des Königs."[7] Auch rief der König erfreut aus, dass er niemals zuvor auf einer Jagd bessere Beute gemacht habe.[8]

Nachdem Jerónimo den Namen seines leiblichen Vaters aus so hohem Munde erfahren hatte und wieder auf sein Pferd steigen wollte, um nach Hause zu Doña Magdalena zu reiten, wandte er sich, so erzählt zu mindest der Biograf seiner Pflegemutter, im Augenblick des Aufsitzens mit den Worten an seinen Pflegevater Luis Quijada, der ihm vorher höfisch gehuldigt hatte: „Wenn die Dinge nun einmal so liegen, so haltet mir die Steigbügel."[9]

Alle Biografen beschreiben dieses erste Zusammentreffen der beiden Brüder in etwa gleich, wenn auch die angeblich dabei gesprochenen Worte etwas differieren. Offizielle Quellen werden aber nicht genannt und sind auch nicht auszumachen. Die Grundlage für diese Szene bildet wohl das Werk von Vander Hammen, das aber über ein halbes Jahrhundert später entstand.

Am 2. Oktober 1559 geleitete Luis Quijada seinen Pflegling zur Mittagszeit in die königliche Residenz, wo dieser offiziell der Prinzessin Juana und dem Infanten Don Carlos sowie dem gesamten Hofe vorgestellt wurde. Ein zeitgenössisches Dokument beschreibt diesen Vorgang folgendermaßen: „Und dann ging der König nach Espina und dorthin brachte man seinen Halbbruder und erfreute sich, ihn zu sehen, so wie er ist, schön und begabt; und er befahl, dass man ihn unauffällig in seine Wohnung führe. Dann ließ er ihn am folgenden Montag von allen Personen des Hofes als seinen Bruder anerkennen, indem er ihn zuerst selbst umarmte und küsste, und dann von seiner Schwester und von seinem Sohne und von den übrigen höchsten Personen umarmen und küssen ließ."[10] Mit dieser Anerkennung erhielt Jerónimo einen neuen Vor- und endlich auch einen Familiennamen, unter dem er in die Geschichtsschreibung einging: Johann von Österreich – Don Juan de Austria![11]

Der königliche Halbbruder

Don Juan de Austria wurde im Großen und Ganzen einem Prinzen gleichgestellt, nur der Titel einer Königlichen Hoheit blieb ihm verwehrt. Auf Anordnung seines Halbbruders, des Königs, musste er mit Exzellenz angesprochen werden. Auch wurde ihm kein Wohnrecht im königlichen Palast und kein Sitzplatz unter dem Baldachin der königlichen Loge während des Gottesdienstes eingeräumt.

Allerdings ließ Philipp II. in Valladolid ein Haus für seinen neu gewonnen Bruder vorbereiten. Dieser übersiedelte nur wenige Tage nach dem Jagdausflug in die spanische Hauptstadt, um in der Nähe des Hofes zu sein. Der König bestellte für das neue Mitglied seiner Familie einen Haushalt, dem Luis Quijada vorstand und den Doña Magdalena leitete. Er bestand aus dem Obersthofmeister Don Fernando de Carillo Graf von Priego, dem Oberststallmeister Don Luis de Cordoba, dem Oberstkämmerer Don Rodrigo Benavides, dem Mayordomo particular Don Rodrigo de Mendoza, Herr auf Lodosa, den drei Kämmerern Don Juan de Guzman, Don Pedro Zapata de Córdoba und Don José de Acuña sowie dem Sekretär Juan de Quiroga; den zwei Kammerdienern Jorge de Lima und Juan de Toro sowie dem Kapitän seiner Garde Don Luis Carillo, dem ältesten Sohn des Grafen von Priego. Die Garde selbst setzte sich zur Hälfte aus Spaniern und zur anderen Hälfte aus Deutschen zusammen. Daneben umsorgten ihn wohl auch eine ausreichende Zahl von niederen Bediensteten, die damals keiner ausdrücklichen Erwähnung wert erschienen.

Bereits gegen Ende Oktober 1559 begab sich der königliche Hof und mit ihm auch Don Juan de Austria für einige Monate nach Toledo. Von hier aus reiste Philipp seiner neuen Gemahlin Elisabeth von Valois (1545–1568), der Tochter Heinrichs II. von Frankreich und Katharinas von Medici, entgegen und traf mit ihr erstmals in Guadalajara zusammen. Isabel de Valois beziehungsweise de la Paz (Friedenskönigin), wie sie in Spanien genannt wurde, ritt am 4. Februar 1560 in Guadalajara ein. Die Hochzeit hatte bereits in Abwesenheit ihres königlichen Gemahls durch einen Stellvertreter 1559 in Paris stattgefunden. Obwohl kaum dem Kindesalter entwachsen, erwies sich die schlanke Vierzehnjährige mit ihrer königlichen Haltung weit über ihre Jahre hinaus gereift. Sie galt damals als Inbegriff weiblicher Attraktivität, wie der französische Reisende und Schriftsteller Brantôme berichtet: „Ihr Gesicht war schön, und das schwarze Haar, das ihre Haut umschattete, machte sie so reizvoll, dass ich in Spanien sagen hörte, die Herren des Hofes hätten nicht gewagt, sie anzuschauen, aus Furcht, von Leidenschaft zu ihr erfasst zu werden und die Eifersucht ihres königlichen Gatten zu erregen und so ihr Leben in Gefahr zu bringen."[12]

Auch andere Zeitgenossen – bis auf den, wie immer kritischen, venezianischen Gesandten – bestätigen ihre Schönheit, den zarten Knochenbau und ihre wohl proportionierte Figur, ihr üppiges, langes, schwarzes Haar und ihre großen, sanften dunkelbraunen Augen. Sie lobten Liebreiz, Intelligenz, Talent und diplomatisches Geschick der neuen Königin. Aber ebenso konnte sich der 32-jährige königliche Bräutigam sehen lassen: Er wirkte noch jugendlich, wenn auch von eher kleinem Wuchs war er doch wohlgestaltet; eine hohe, breite Stirn erhob sich über rötlichen, etwas eng zusammenstehenden Augenbrauen, die meergrüne Augen beschatteten. Seine weiße Hautfarbe und die blonden Haare gaben ihm nicht das Aussehen, das man landläufig von einem Spanier erwartet. Das Kennzeichen der Habsburger, der schwere und ausladende Unterkiefer, war bei ihm zu einer etwas vorstehenden Unterlippe abgemildert.

Nach einem dreitägigen Aufenthalt in Guadalajara, in dem nun auch die Trauung mit Philipp II. stattfand, reiste der gesamte Hofstaat nach Toledo. Erst über sechs Jahre nach dieser Eheschließung kam ein lebensfähiges Mädchen zur Welt und 15 Monate später eine zweite Tochter. Den beiden Infantinnen Isabel Clara Eugenia (1566–1633) und Catalina Micaela (1567–1597) war Philipp II. ein liebevoller Vater, wovon ein noch erhaltener Briefwechsel zeugt: „Ich höre, dass es Euch allen gut geht – das sind herrliche Nachrichten für mich! Wenn Eurer kleinen Schwester (= Maria, 1580–1583, Kind aus Philipps vierter Ehe) die ersten Milchzähne kommen, so scheint mir das etwas verfrüht: das soll wohl ein Ersatz für die zwei Zähne sein, die ich im Begriff bin zu verlieren … Neulich brachte man mir, was in der mitfolgenden Kiste verpackt ist, angeblich eine süße Limette. Ich meine freilich, dass es ganz einfach eine Limone ist, aber ich wollte sie Euch doch schicken … Ich weiß nicht, ob sie drüben (= in Spanien) in gutem Zustand ankommen wird; wenn Ihr sie aber bekommt und sie noch frisch ist, müsst Ihr sie kosten und mich dann wissen lassen, wie sie schmeckt … Die kleine Limone, die mitgepackt ist, soll nur die Kiste füllen helfen. Ich schicke Euch zugleich Rosen und eine Orangenblüte, damit Ihr seht, dass es hier (= Portugal) derlei gibt."[13]

Offenbar verstand sich das Königspaar bald gut und auch der Infant Don Carlos, Philipps Sohn aus erster Ehe mit Maria von Portugal, schloss sich der jungen Königin gerne an. Er fand in ihr eine gütige Freundin, die seinem merkwürdigen Charakter und seinen Ausschweifungen mit Nachsicht begegnete. Sie wirkte ausgleichend auf ihn, zumal es im Laufe der Jahre immer häufiger Spannungen zwischen Philipp II. und seinem Thronfolger gab. Ursprünglich, heißt es, soll Elisabeth von Valois für den gleichaltrigen Don Carlos (geb. 1545) als Gemahlin vorgesehen gewesen sein, ehe der inzwischen verwitwete Philipp selbst die Königstochter heiratete, um den Frieden zwischen Spanien und Frankreich zu festigen. Die Ehejahre mit seiner dritten Gemahlin sollen die glücklichsten seines ganzen Lebens gewesen sein.[14]

Am 12. Februar 1560 zog nun die neue Königin mit großer Prachtentfaltung in Toledo ein. Wohl bald darauf an Windpocken erkrankt, konnte Elisabeth von Valois nicht teilnehmen an der am 22. Februar dort stattfindenden Anerkennung des Infanten als dem Thronerben von Spanien. Die einberufenen Cortes von Kastilien, die Großen des Landes, welche bereits seit Dezember in Toledo tagten, leisteten hierbei Don Carlos ihren Treueschwur. Die Feierlichkeit dauerte von neun Uhr vormittags bis drei Uhr nachmittags.[15] Don Carlos ritt auf einem prachtvollen Schimmel zur Kathedrale, gekleidet in Gold und Silber, übersät mit Edelsteinen. An seiner linken Seite ritt auf einem Rappen Don Juan de Austria, gekleidet in roten, goldbestickten Samt. Der Kontrast zwischen den beiden Jünglingen konnte kaum größer sein: Der eine schwächlich und von einem immer wieder kehrenden Fieber gezeichnet, klein für seine 15 Jahre, mit einem leichten Buckel, einer hochgezogenen Schulter und zwei ungleich langen Beinen, zusätzlich behindert von einem Sprachfehler; der andere blühend und anmutig, wohl gewachsen und hübsch!

In der Kathedrale leisteten die Granden nacheinander vor dem Bischof und der Bibel den Treueschwur und knieten anschließend vor Don Carlos nieder, um ihm die Hand zu küssen. Dieser wiederum verpflichtete sich, ihre Privilegien und die Gesetze nicht anzutasten. Neben der ehemaligen Regentin Juana, seiner Tante, leistete auch Don Carlos' neuer Onkel, Don Juan de Austria, den Eid. Dabei wurde dieser vom Zeremonienmeister als „der höchst illustre Don Juan de Austria, natürlicher Sohn des Kaisers und Königs" angekündigt.[16] Da Don Juan de Austria zu diesem Zeitpunkt aber noch keine vierzehn Jahre alt war, musste erst König Philipp II. vor der Eidesleistung seine Erlaubnis dazu erteilen und die Urteilsfähigkeit seines jungen Halbbruders öffentlich bestätigen. Dieser Auftritt Don Juans in der Kathedrale von Toledo vor dem Adel des Landes galt als offizielle Präsentation und Bekanntmachung seines Status als anerkannter kaiserlicher Bastard und königlicher Halbbruder.

Wegen des angeblich ungesunden Klimas von Valladolid wünschte der König eine andere permanente Residenz. Seine Wahl fiel auf das zentral gelegene Madrid; dorthin übersiedelte der gesamte Hof noch im Jahre 1560. Don Juan wurde das Haus des Don Pedro de Porra, gegenüber der Kirche Santa Maria und nahe des königlichen Palastes, angewiesen. Luis Quijada und Magdalena de Ulloa begleiteten ihn und führten weiterhin seinen Haushalt. Kaum waren sie ansässig, brach eines Nachts gegen Ende des Jahres 1560 ein Brand aus, sodass das zweistöckige Gebäude bald gänzlich in Flammen stand. Wieder rettete Luis Quijada zuerst seinen Schützling und dann seine Gemahlin. Aus den Ruinen des Hauses konnte nur mehr ein Kruzifix geborgen werden, das Quijada einst dem Knaben geschenkt und in dessen Schlafgemach gehangen hatte.

Zwei volle Monate fanden die Geretteten bei Ruy Gómez und seiner Gemahlin Aufnahme. Ruy Gómez de Silva (1516–1573), Prinz von Eboli, entstammte einer portugiesischen Adelsfamilie und besetzte nun eine einflussreiche Position als erster Minister bei Hofe.[17] Er, der Freund aus Jugendtagen, hatte König Philipp II. bereits nach England begleitet. „Rey" Gómez (König Gómez), wie er wegen seiner Machtfülle vom Volksmund spöttisch genannt wurde, führte die Fraktion der Friedliebenden an, im Gegensatz zu Herzog Alba, der das Haupt der so genannten Kriegsfraktion bildete. Doña Ana Mendoza de la Cerda (1540–1592), Prinzessin von Eboli, war die einzige Tochter des Fürsten von Mélito. 1552 heiratete sie mit zwölf Jahren den bereits in reifen Jahren stehenden Ruy Gómez. Als dessen Gemahlin entwickelte sich die attraktive junge Frau, deren Reiz durch eine schwarze Augenklappe, welche ein durch einen Unfall beschädigtes Auge verdeckte, noch gesteigert wurde, zu einer außergewöhnlich eigenwilligen und für spanische Verhältnisse höchst selbstständigen Dame der höfischen Gesellschaft. Sie führte ein äußerst gastliches Haus, in dem sich die Einflussreichen des Landes bei zwanglosen Festlichkeiten treffen konnten. Angeblich soll sie nach dem Tode ihres Gemahls ein Liebesverhältnis sowohl mit König Philipp II. als auch mit dessen Sekretär Antonio Pérez unterhalten haben, welches später zum Sturz der ehrgeizigen Dame führte.[18]

Nach zwei Monaten im Hause der Ebolis konnte Don Juan de Austria mit Luis Quijada, Doña Magdalena und seinem gesamten Gefolge endlich seine neue Wohnung beziehen, die im Hause des Grafen von Lemus nahe der Kirche St. Jakob zu Madrid eingerichtet worden war. Das ganze Jahr 1560 und größtenteils auch das folgende hindurch ergaben sich zahlreiche Gelegenheiten für Don Juan, am glanzvollen Hofleben teilzuhaben. Dass Philipp II. aber – wie Vander Hammen mitteilt – Don Juan de Austria bereits noch in den Niederlanden in die vornehme Bruderschaft des Goldenen Vlieses aufgenommen haben soll, noch ehe er seinen Halbbruder kennen gelernt und offiziell anerkannt hatte, erweist sich als überaus unwahrscheinlich. Dagegen informiert uns ein Brief aus dem Jahre 1566, dass der König am 24. Juli des besagten Jahres Don Juan de Austria das Goldene Vlies verliehen habe.[19]

Jeden Morgen begab sich Don Juan de Austria in den Alcazar, den königlichen Palast in Madrid, zum Unterricht, den er gemeinsam mit seinen etwa gleichaltrigen Neffen Don Carlos und Alexander (Alessandro) Farnese absolvierte. Im November 1561 entschied König Philipp II. jedoch, die drei Prinzen auf die Universität von Alcalá de Henares zu schicken, um ihre Ausbildung zu vervollständigen. Auch hoffte er, dass das gesunde Klima dort und der engere Umgang mit den Freunden Don Carlos zum Besseren beeinflussen würde. Denn der Thronfolger besaß einen labilen Charakter und gestörte Verhaltensweisen, die den englischen Botschafter veranlassten, nach Hause zu berichten, er habe „niemals mit einem liederlicheren, rasenderen und uneinsichtigeren Menschen zu tun gehabt."[20]

König Philipp II. sah mit Genugtuung, dass sein Halbbruder Don Juan sich zu einem liebenswürdigen und loyalen Jüngling entwickelte, und sein Neffe Alexander, Sohn der

Margarete von Parma und des Ottavio Farnese, meisterte die Studien mit großer Intelligenz und Leichtigkeit. Hierbei überrundete er selbst seinen Onkel Don Juan bei weitem. Beide aber besaßen eine ungewöhnliche Begabung für das Kriegshandwerk, wie es sich in späteren Jahren noch ruhmvoll erweisen sollte. Leider stach der Infant Don Carlos in keinem der Fächer besonders hervor; er absolvierte seine Ausbildung zumeist unkonzentriert und unwillig.

In Alcalá, einem ruhigen Städtchen am Ufer des Henares, nahmen Don Carlos und Don Juan gemeinsam Wohnung im erzbischöflichen Palais. Alessandro Farnese bezog ein benachbartes Gebäude. Über den Studienaufenthalt der drei fast gleichaltrigen jungen Männer in Alcalá mit seiner berühmten Universität, die von Kardinal Cisneros 1508 gegründet worden war,[21] wissen wir nur wenig. Allerdings ist uns der von König Philipp II. persönlich ausgearbeitete Studien- bzw. Stundenplan der prinzlichen Studenten überliefert. Diese mussten im Winter um sieben und im Sommer um sechs Uhr aufstehen und sich ankleiden, anschließend verrichteten sie das Morgengebet gemeinsam mit ihrem Haushalt, danach frühstückten die drei Studenten zusammen und wohnten der Hl. Messe in der Privatkapelle des Don Carlos bei. Ein zweistündiges Studium folgte, bevor die Prinzen gegen elf Uhr in der Öffentlichkeit speisten. Von zwölf bis dreizehn Uhr schloss sich die Musik- und Gesangsstunde an. Der nachmittägliche Unterricht dauerte bis sechzehn Uhr, dieser umfasste auch Fecht- und Reitstunden. Es folgte eine Stunde Freizeit zur beliebigen Gestaltung, und um achtzehn Uhr wurde dann das Abendessen eingenommen. Die abendlichen Vergnügungen bestanden in Spaziergängen oder Spielen. Nach dem gemeinsam gebeteten Rosenkranz zogen sich die Prinzen zur Nachtruhe zurück. An Sonn- und Feiertagen entfielen die Unterrichtsstunden; sie wurden durch fromme Übungen, Spaziergänge oder andere Unterhaltung ersetzt.[22]

Den Jünglingen war als Tutor, der den Tagesablauf und die Studien überwachte, Juan Honorato mitgegeben. Dieser gelehrte Humanist aus Valencia hatte an der Universität Löwen

JUAN HONORATO
Der gelehrte Humanist und spätere Bischof von Osma, überwachte die Studien von Don Carlos, Alexander Farnese und Don Juan de Austria in Alcalá.

studiert und bereits bei Philipp die Stelle des Lehrers innegehabt. Gegen Ende seines Lebens wurde er – wohl auf Fürsprache seines Schülers Don Carlos – zum Bischof von Osma berufen.[23] Dieses „Wunder an Geist und Gelehrsamkeit", wie ihn viele Zeitgenossen bezeichneten, gewann offenbar durch seine unerschütterliche Geduld das Vertrauen und die Zuneigung des schwierigen Infanten. „Der weiche, milde Valencianer glaubte durch liebevolle Worte die störrische Natur des Knaben zwingen zu können; das gelang ihm nicht, obgleich außer ihm kaum eine zweite Persönlichkeit zu nennen ist, der Carlos mit bleibender Zuneigung anhing."[24]

Don Carlos, der durch das Quartanfieber[25], unter dem er nun schon zwei Jahre lang litt, stark geschwächt nach Alcalá gekommen war, schien sich im dortigen Klima und der angenehmen Gesellschaft stetig zu erholen. Offenbar geriet er einmal beim Tennis- oder Ballspielen mit seinem Gegner Don Juan in Streit. Aufgebracht schrie er: „Ich rede nicht mit einem unter meinem Stand, Eure Mutter war eine Dirne, und

Ihr seid ein Bastard." Erzürnt über diese Beleidigung antwortete Don Juan: „Auf jeden Fall war mein Vater ein bedeutenderer Mann als der Eure." Don Carlos soll den Vorfall König Philipp II. berichtet und jener darauf geantwortet haben: „Don Juan hat Recht, und Ihr habt Unrecht. Sein und mein Vater war ein viel größerer Mann, als es der Eure je war oder sein wird."[26] Trotz solcher Zänkereien unter Heranwachsenden entwickelte sich Don Juans Verhältnis zu seinem Neffen Don Carlos recht gut, sodass dieser ihn in seiner Freundesliste, die er einmal zusammenstellte, ganz oben aufführte.

In Alexander Farnese fand Don Juan eine verwandte Seele. Gleich ihm, entstammte dessen Mutter Margarete, jetzige Generalstatthalterin der Niederlande, einer nichtehelichen Verbindung Kaiser Karls V. Diese mutige und fähige Herzogin von Parma wirkte mit dem kleinen Schnurrbart auf der Oberlippe, ihrer tiefen Stimme und mit ihrer grobknochigen Gestalt recht männlich und hatte Karl wie ein Sohn gegolten. Margarete heiratete zuerst 1536 Alessandro de Medici und schloss, da früh verwitwet, mit dem Papstenkel Herzog Ottavio Farnese von Parma 1538 die zweite Ehe. Ihr Sohn Alexander Farnese erblickte 1545 das Licht der Welt und war damit zwei Jahre älter als sein Onkel Don Juan de Austria. Diese sich entwickelnde enge Freundschaft zwischen Onkel und Neffen hielt über alle Unwägbarkeiten des Lebens bis zum Tode an.

Kaum ein halbes Jahr am Studienort, hatte Don Carlos einen Unfall (am 19. April 1562). Die Charakterisierung von Don Carlos durch den venezianischen Gesandten Badoaro bewahrheitete sich auf tragische Weise; dieser schrieb: „Carlos ist von schwacher Leibesbeschaffenheit; er verrät Neigung zur Grausamkeit, hat seine Freude an verwegenen Streichen, und scheint, trotz seiner großen Jugend, den Frauen zu huldigen."[27] Eines Nachts nämlich, als der inzwischen Siebzehnjährige zu einem Stelldichein mit der Tochter des Torhüters eilen wollte, stürzte er die steile Hintertreppe hinab und fiel derartig unglücklich, dass er sich eine schwere Kopfverletzung zuzog. Die herbeigerufenen Ärzte konnten ihm nicht helfen und so verschlimmerte sich sein Zustand, dass man schon den Tod nahen sah. Erst gegen Ende Juni genas Don Carlos wieder, angeblich aufgrund der heilenden Wirkung einer Reliquie. Man hatte ihm, so wird berichtet, den in der Kirche verehrten Körper des Bruders Diego, der im Ruf der Heiligkeit gestorben war, mit ins Bett gelegt.[28]

Die drei Studenten widmeten sich vom November 1561 bis 1563/64 ihrer Ausbildung. Die grundlegenden Disziplinen waren die Artes Liberales – Philosophie, Literatur, Musik und Geschichte – ergänzt durch Grammatik, Recht, Kriegskunst und durch körperliche Übungen.[29] Zum Lehrplan gehörte natürlich auch Latein (von anderen Sprachen erfahren wir nichts) und Dialektik sowie vermutlich Mathematik.[30]

Im Frühjahr 1564 wurde Don Juan de Austria von Alcalá an den Hof nach Madrid zurückberufen. Hier sollte er die Erzherzöge Ernst und Rudolf treffen, seine Neffen, die von ihrem Vater Kaiser Maximilian II. zur Erziehung nach Spanien geschickt worden waren.[31] König Philipp II. unternahm in diesen Wochen auch Anstrengungen, seinen Halbbruder angemessen zu versorgen. Er griff die von Kaiser Karl V. verfügte Idee auf, Don Juan de Austria der geistlichen Laufbahn zuzuführen. Deshalb bat der spanische König Papst Pius IV. um einen Kardinalshut für den Kaisersohn. Der Heilige Vater sagte diesen auch zu, jedoch die anwachsenden diplomatischen Spannungen der Folgezeit zwischen Frankreich, Spanien und dem Vatikan rückten den Kardinalspurpur in weite Ferne. Nicht gerade zum Missfallen des erst siebzehnjährigen Don Juan, der sich seine Zukunft anders vorstellte und eine militärische Karriere ins Auge gefasst hatte.

Kapitel 4

„Die militärische Laufbahn beginnt“

Versuchte Flucht und Zeit des Wartens

Don Juan de Austria war inzwischen zu einem jungen Mann von 18 Jahren herangewachsen. Es drängte ihn immer stärker hinaus in die Welt, um sich dort mit Ruhm zu bedecken. Zu dieser Zeit (1565) wurde Malta von der Flotte des osmanischen Herrschers Sultan Suleiman (auch Suleyman, Soliman) bedrängt. Die berühmtesten Seebären des osmanischen Reiches, Mustafa und Piali, leiteten den Angriff. In seiner Not suchte der Großmeister der Johanniter auf Malta Hilfe bei der christlichen Welt, um die Insel, welche als Tor zum westlichen Mittelmeerraum galt, zu halten. König Philipp II. befahl seinem Vizekönig von Sizilien, Don Garcia de Toledo, der zugleich Kommandeur der spanischen Mittelmeerflotte war, nach Malta zu eilen. Auch in Barcelona rüstete sich ein Hilfsgeschwader für Malta und Don Juan wünschte nichts sehnlicher als mit an Bord zu gehen. Dies verweigerte ihm aber der König mit dem Hinweis auf sein noch zu jugendliches Alter. Da beschloss der tatendurstige Jüngling, ohne Philipps Erlaubnis an der militärischen Expedition teilzunehmen.

Am 9. April 1565 begleitete eine größere Gesellschaft die Königin auf der ersten Etappe ihrer Reise nach Bayonne, wo sie sich mit ihrer Mutter Katharina von Medici, der französischen Regentin, treffen wollte. In der Umgebung von Segovia sah Don Juan seine Chance gekommen: Er setzte sich, begleitet von zwei Bediensteten, heimlich von der königlichen Gesellschaft ab, um sich in Barcelona einzuschiffen und gen Malta zu fahren. Allerdings warf ihn ein starker Fieberanfall in Frasco, elf Meilen vor Saragossa, aufs Krankenlager, sodass er nicht weiterreisen konnte.

Man hatte seine Flucht zwischenzeitlich entdeckt und einen königlichen Kurier dem Fliehenden nachgesandt, um ihn zurückzuholen. Aber Don Juan wollte nicht gehorchen. Da sein ärmliches Krankenlager bekannt geworden war und im bescheidenen Gemach des Gasthofes bereits die Honoratioren der Umgebung dem hohen Kranken Besuche abstatteten, ließ der Erzbischof von Saragossa den Fiebernden in sein Palais überführen. Hier beschworen ihn alle, doch von seinem Fluchtplan abzulassen und den König nicht weiter zu verärgern, zumal die spanische Flotte inzwischen auf dem Weg nach Malta sei. Don Juan zeigte sich jedoch uneinsichtig, hielt starrköpfig an seinem Plan fest und wollte den Hafen von Barcelona selbst in Augenschein nehmen. Die Schiffe waren – wie berichtet – ausgelaufen und so plante der unternehmungslustige Jüngling den Landweg durch Frankreich nach Italien einzuschlagen, um eventuell doch noch ein Schiff nach Malta zu ergattern. Rechtfertigend gab er an, dass er diese Expedition unternommen habe, „um Gott und dem König zu dienen, er könne somit dieselbe in Ehren nicht aufgeben." Dies ist die erste überlieferte Rede des Don Juan de Austria.[1]

In Barcelona empfing ihn der Vizekönig von Katalonien, der Herzog von Francavilla, mit allen Ehrbezeigungen und veranstaltete Festlichkeiten für den hohen Besucher. Dieser erhielt nunmehr aber einen schriftlichen Befehl des Königs, sofort zum Hofe zurückzukehren unter Androhung der königlichen Ungnade. Der Ton des formellen Schreibens bewegte Don Juan de Austria nun doch, seine eigenmächtige Reise zu beenden.

Nach Segovia zurückgekommen, ritt er begleitet von Don Carlos der heimkehrenden Königin, welche bereits von ihrem Gemahl und der Hofgesellschaft empfangen worden war, zur Begrüßung entgegen. Kniefällig bat er den König um Vergebung, die ihm auch freundlich gewährt wurde. Königin Elisabeth, die mit ihrer Mutter über ein weiteres Friedensbündnis zwischen Spanien und Frankreich mit Erfolg verhandelt hatte, soll den gedemütigten jungen Mann neckend gefragt haben, ob er denn viele tapfer kämpfende Türken vorgefunden habe.

Dieses – wenn auch missglückte – Abenteuer machte Don Juan de Austria sehr populär. Er wurde zum Liebling der Gesellschaft, zum Idol der begeisterungsfähigen Jugend. Man bewunderte die Eleganz des Neunzehnjährigen, seinen schlanken Wuchs, die Geschmeidigkeit seiner mittelgroßen eher zierlichen Gestalt, den lebhaften Blick der blauen Augen. Die modische Jugend des Landes und bei Hofe imitierte die Pracht seiner Kleidung, seine Barttracht sowie die besondere Art, sein gewelltes Haar zu frisieren. Don Juan de Austria bürstete

„DON JUAN DE AUSTRIA, SOHN KAISER KARLS V.“
Der kaiserliche Bastard war beim Volk höchst beliebt. Er prägte sogar den Kleidungsstil und die Haartracht der modischen Jugend des Adels. (Kupferstich, Historisches Museum der Stadt Regensburg)

es im Schwung nach oben und fasste es hinten zusammen; diese damals neue Frisur nannte man ‚nach österreichischer Art' (à l'Autriche).

Wieder fand sich Don Juan de Austria eingebunden ins königliche Hofleben, das durchaus nicht immer ohne Glanz und Vergnügungen ablief. Am 19. Mai 1566 übersiedelte die Hofgesellschaft in den ländlichen Palast von Valsain (Balsain) im Wald von Segovia. Hier wünschte die Königin ihre erste Niederkunft zu erwarten. Prinzessin Juana (Johanna) ging mit den zwei Erzherzögen Ernst und Rudolf nach Aranjuez, während der Thronfolger Don Carlos und sein Onkel Don Juan de Austria noch in Madrid verblieben. Erst Ende Juni, in der Zeit der größten Hitze, schlossen sie sich dem Hof zu Valsain an. Elisabeth brachte in der Nacht vom 11. auf den 12. August 1566 eine Tochter zur Welt. Am 25. August feierte man die Taufe der kleinen Infantin und Don Juan de Austria vertrat dabei den von einem Fieberanfall stark geschwächten Taufpaten Don Carlos. Die Prinzessin erhielt den Namen Isabella Clara Eugenia.

Im August 1567 schickte der König Herzog Alba nach Brüssel und löste damit die Herzogin von Parma, seine und Don Juans Halbschwester, in ihrem schwierigen Amt als Generalstatthalterin der Niederlande ab. In den unruhigen Provinzen waren die religiös begründeten Tumulte inzwischen zu einer revolutionären Bewegung angeschwollen. Die heimische Nobilität, geschart um Wilhelm von Oranien, wartete nur darauf, selbst das Steuer des gesamten Landes in die Hand nehmen zu können. In dieser prekären Situation plante der König sogar persönlich in die Niederlande zu reisen, um dort das ganze Gewicht seiner königlich-katholischen Majestät gegenüber den Aufrührern geltend zu machen. Am 26. Juni 1567 erhielten Don Carlos, Don Juan de Austria und die Erzherzöge Ernst und Rudolf die Aufforderung, den König in die niederländischen Provinzen zu begleiten und die umfangreichen Vorbereitungen für diese Unternehmung zu treffen. Man wollte von Coruña aus segeln und die Königin, unterstützt von Prinzessin Juana (Johanna), als Regentin in Spanien zurücklassen. Allerdings fand zum größten Bedauern der unternehmenden Jugend diese, vor allem vom Thronfolger Don Carlos ersehnte Reise niemals statt.

Am 10. Oktober 1567 kam Königin Elisabeth erneut mit einer Tochter nieder. Die Taufe wurde mit aller Pracht gefeiert und man übertrug Don Juan die ehrenvolle Aufgabe, den königlichen Täufling über das Taufbecken zu halten. Als Taufpaten fungierten die Prinzessin von Brasilien (die Infantin Juana) und Erzherzog Rudolf. Don Juan hatte zu diesem herausragenden Anlass von seiner Halbschwester Juana ein prächtiges Festtagsgewand aus Silberbrokat mit einem roten, pelzumfassten Samtmantel und eine kostbare Goldkette, die reich mit Rubinen und Perlen besetzt war, geschenkt bekommen.

Noch im selben Monat Oktober des Jahres 1567 überließ der König Don Juan de Austria aber eine noch bedeutendere und ruhmvollere Aufgabe: das Amt des Großadmirals der spanischen Flotte, genannt „General zur See"! Philipp II. hatte sich nicht zuletzt wegen Don Juans versuchter Flucht nach Malta zum Entschluss durchgerungen, den Halbbruder doch für die militärische und nicht für die geistliche Laufbahn zu bestimmen. Der kluge König dachte dabei an die Begeisterung, die durch Don Juans versuchte Kriegsfahrt vor allem unter der adeligen Jugend ausgelöst worden war. Viele junge Edelleute waren damals ebenfalls nach Barcelona geeilt, um sich dort mit Don Juan nach Malta einzuschiffen. Aus dieser Begeisterungsfähigkeit, die sein populärer Halbbruder hervorrufen konnte, wollte König Philipp II. auch in Zukunft Kapital schlagen. Allerdings fand die offizielle Einsetzung Don Juans zum Großadmiral Spaniens erst im Frühling des folgenden Jahres 1568 statt, nachdem sich Don Garcia de Toledo aus gesundheitlichen Gründen von diesem wichtigen Amt zurückgezogen hatte.

Die Tragödie des Thronfolgers

In den für Don Juan de Austria so glücklich verlaufenden Wochen ereignete sich am spanischen Hof eine Tragödie, die nicht nur das königliche Haus schwer erschütterte. Der Thronfolger Don Carlos hatte sich immer mehr zu einer äußerst labilen Persönlichkeit entwickelt, die sich häufig zu grausamen Handlungen hinreißen ließ. Sein unmögliches Benehmen und die zutage tretende Unfähigkeit zum Regieren offenbarte sich allen in seiner näheren Umgebung immer deutlicher. Jähe Zornesausbrüche, Brutalitäten an Mensch und Tier wurden abgelöst von fiebrigen Erschöpfungszuständen, Hungerzeiten von Völlerei, Tobsucht von freundschaftlicher Zuneigung.

Philipp II. machte sich bereits frühzeitig über den Charakter seines Sohnes und Nachfolgers Sorgen, hatte aber gehofft, dass sich dieser in geeigneter Umgebung und Begleitung nach und nach besserte. Vor allem eine passende Eheschließung sollte dem Labilen Halt und Führung geben. Unter den Kandidatinnen befanden sich Maria Stuart, die unglückliche schottische Königin, sowie die spätere vierte Gemahlin seines Vaters, Erzherzogin Anna, zu der Don Carlos eine seltsame Leidenschaft entwickelt hatte. Mit wachsender Bestürzung musste nun aber König Philipp II. wahrhaben, dass sein einziger Sohn weder zur Ehe noch für den Thron geeignet war: „Dieser zugleich schwache und heftige, haltlose und starrköpfige Mensch würde einen erbärmlichen König abgeben. Alle atavistischen Schwächen der Habsburger und der Trastamara schienen sich in diesem armen, kränklichen Körper vereinigt zu haben, der von Fieberanfällen erschöpft, oft von jähen, grundlosen Zornausbrüchen geschüttelt wurde, die bald verrauchten und ihn in einem zerschlagenen und fiebrigen Zustand zurückließen. Philipp wusste nur zu gut, welchen Schaden die Regierung schwachsinniger und entarteter Könige wie Johanns II. oder Heinrichs IV. Spanien zugefügt hatte."[2]

Schon seit langem nährte Don Carlos einen unbezwingbaren Hass gegen den königlichen Vater. Durch eine Flucht wollte er sich daher dessen direktem Einfluss entziehen und sich über Italien und Deutschland in die Niederlande absetzen. Für diesen Plan versuchte der Infant auch seinen Freund und Onkel Don Juan de Austria zu gewinnen. Er sollte ein Schiff in Barcelona bereitstellen und ihn begleiten. Don Juan meinte aber, dass er den König von dem Vorhaben seines Thronfolgers unterrichten müsse und begab sich deshalb in den Escorial, wo sich Philipp II. zum Jahreswechsel 1567/68 aufhielt.

Zurückgekehrt nach Madrid, drang in der Nacht des 18. Januars 1568 der König im Kürass mit Helm, begleitet von den Mitgliedern des Staatsrats, in das Gemach seines Sohnes ein und setzte den Überraschten gefangen. Auf Befehl des Königs wurde Don Carlos Tag und Nacht bewacht, zwei Bedienstete sollten allerdings alle seine privaten Wünsche erfüllen.

An den Adel und den Klerus Spaniens, die ja Don Carlos bereits als Thronfolger eidlich anerkannt hatten, sowie an den Kaiser nach Österreich und die portugiesische Großmutter des unglücklichen Prinzen gingen Briefe hinaus, um diese Ungeheuerlichkeit der Gefangennahme des königlichen Nachfolgers zu erklären. An seine Schwester Maria, die Gemahlin Kaiser Maximilians II., schrieb Philipp erklärend: „Ich möchte zur größeren Befriedigung Eurer Hoheit mit voller Offenheit über das Leben und die Handlungen des Prinzen berichten, bis zu welchem Grad er die Zügellosigkeit und Unordnung getrieben hat, welche Mittel ich anwendete, um ihn zu bewegen, sein Betragen zu ändern, ohne das geringste zu unterlassen, was mir möglich und geziemend erschien, und wie lange Zeit meine Vaterliebe dem Wunsch, in einem so wichtigen Fall mit der nötigen reiflichen Überlegung und Rechtfertigung vorzugehen mich bewogen, zu tun, als ob ich nichts bemerkte; aber eine solche Erzählung würde sehr lange Zeit beanspruchen ... Heute beschränke ich mich also darauf, Eurer Hoheit zu sagen, dass, wenn der Prinz sich nur des Ungehorsams, des Mangels an Achtung und der Beleidigungen gegen mich schuldig gemacht hätte (obwohl er in dieser Beziehung genug geleistet hat, um jede Art Strafe zu rechtfertigen), ich noch einmal versucht hätte, etwas andres zu ersinnen, was seine Ehre, welche die meine ist, gerettet hätte. Doch haben seine Handlungen so sehr das Urteil bestätigt, das schon seit vielen Jahren über seinen Charakter, seine Natur und seine Fehler bestand, dass ich mich gezwungen sah, vorauszuschauen, und im Interesse des Dienstes Gottes und zum Wohle meiner Reiche und meiner Staaten, wozu ich verpflichtet bin (ohne Rücksicht auf mein Fleisch und Blut und alle andern menschlichen Interessen), den ernsten und bedeutenden Folgen zuvorzukommen, die zu befürchten ich allen Grund hatte, wenn ich nicht diese Maßnahme treffen würde."[3]

Don Carlos starb am 24. Juli 1568 mit erst dreiundzwanzig Jahren. Er wurde seinem Wunsch gemäß zunächst im Kloster San Domingo el Real in Madrid beigesetzt; 1573 ließ Philipp II. die sterbliche Hülle seines Sohnes in den Escorial überführen.

Testamentarisch hatte Don Carlos auch Don Juan de Austria bedacht und ihm wertvolle Pokale, Kristallgefäße, ziselierte und vergoldete Flaschen und andere Kostbarkeiten vermacht.[4] Seine Pferde waren schon vorher von König Philipp an verschiedene Personen verschenkt worden, darunter auch an Don Juan. Nachdem Don Carlos aus der Welt verschwunden war, wurden Stimmen laut, die nun in des Königs Halbbruder einen möglichen Anwärter auf Spaniens Thron sahen. Andere werteten Don Juans Ernennung zum Großadmiral der spanischen Flotte als Belohnung für seine Loyalität gegenüber dem König inmitten dieser tragischen Ereignisse. Aber Don Juan de Austria war bereits im Oktober 1567 zum Oberbefehlshaber der Flotte ernannt worden, also Wochen bevor die Tragödie ihren Lauf nahm.[5] Er wahrte gegenüber den Hochverratsplänen seines fehlgeleiteten Neffen eine skeptische Distanz und entschied sich klug für die königliche Macht seines Halbbruders.

Der neue Großadmiral

Obwohl Don Juan de Austria nun der oberste Chef der spanischen Marine war, hatte er doch keine Ahnung von der christlichen Seefahrt. Deshalb stellte ihm der König als Vizeadmiral Luis de Requesens, einen verlässlichen und erfahrenen Seemann, zur Seite. Auf der nun folgenden Fahrt durch das westliche Mittelmeer sollte Requesens dem Neuling die Kunst der Kriegsschifffahrt beibringen. Aber auch der König persönlich unterwies seinen noch unerfahrenen Halbbruder – wie es seine Art war – schriftlich und ins Detail gehend:

„Bruder, zusätzlich zu den Anweisungen, die Ihr schon als Generalkapitän zur See und hinsichtlich seiner Pflichten und Aufgaben erhalten habt, und wegen der großen Zuneigung, die ich Euch entgegenbringe, und meines Wunsches, dass Ihr in Eurer Stellung, Eurem Leben und Eurer Haltung die Wertschätzung und den guten Ruf besitzen mögt, den eine Person Eures Standes anstreben sollte, erscheint es mir richtig, Euch anzuraten, was ich hier niederlegen werde.

Zunächst, da der Ursprung und der Anfang aller Dinge und allen guten Rates Gott ist, ermahne ich Euch, bei allem, was Ihr tut und unternehmt, wie ein guter und wahrer Christ immer auf diese Grundlage und diesen Anfang zu bauen und als Euer höchstes Ziel alle Eure Angelegenheiten und Sachen Gott anzubefehlen, aus dessen Hand alles Gute hervorgeht und der günstige und glückhafte Ausgang aller Eurer Reisen, Unternehmungen und Tage im Felde ist. Bemüht Euch, sehr demütig und gottesfürchtig zu sein und ein guter Christ, auch im äußeren Auftreten, und allen ein gutes Beispiel zu geben; denn dadurch und auf dieser Grundlage wird Gott Euch Gnade erweisen und Euer Name und Ruf immer mehr wachsen. Ihr sollt besonders darauf achten, häufig zur Beichte zu gehen, besonders zu Weihnachten und Ostern und an anderen Feiertagen, und das allerheiligste Sakrament empfangen, wenn Ihr in der Lage und an einem Ort seid, die dies zulassen, und an jedem Tag die Messe hören, wenn Ihr Euch an Land befindet, und Eure persönlichen Andachten und Gebete in großer Zurückgezogenheit zu einer festgesetzten Stunde zu verrichten, so dass Ihr in allem die Pflicht und die Sitte eines aufrechten Katholiken und guten Christen erfüllt.

Die Wahrheit zu sagen und Versprechen zu halten sind die Grundlagen von Glaubwürdigkeit und Achtung bei den Menschen und das, worauf das gegenseitige Vertrauen der Gesellschaft beruht. Dies ist für Männer sehr hohen Standes und diejenigen, die wichtige öffentliche Ämter innehaben, noch nötiger, weil von ihrer Wahrhaftigkeit und Treue das Vertrauen und die Sicherheit aller abhängen. Ich schärfe Euch nachdrücklich ein, mit großer Sorgfalt darauf zu achten, dass überall und immer bekannt ist und verstanden wird, dass in alles, was Ihr sagt, volles Vertrauen gesetzt werden kann und muß; und dass dies nicht nur in öffentlichen Angelegenheiten, die Euch anvertraut sind, sondern auch für Eure persönliche Ehre und Wertschätzung von größter Wichtigkeit ist.

Wendet das Recht gegen alle gleich und gerecht an, und wenn notwendig, mit Strenge und als warnendes Beispiel, wie es der jeweilige Fall erfordern mag, und zeigt nötigenfalls Standhaftigkeit und Entschlossenheit; und wenn die Natur der Sache und die Menschen, die in den Fall verwickelt sind, dies erlauben, dann seid auch mitfühlend und barmherzig, denn dies sind Tugenden, die Leuten Eures Ranges wohl anstehen. Schmeicheleien und Worte, die diesen Zweck verfolgen, sind unschön für die, die sie sagen, und entehrend und beleidigend für die, denen sie gesagt werden. Personen, die gern eine solche Sprache pflegen und sich so an Euch wenden, zeigt eine Miene und Haltung, die alle Leute erkennen lässt, wie wenig empfänglich Ihr für solche Worte und Reden seid. In gleicher Weise behandelt diejenigen, die in Eurer Gegenwart schlecht und nörgelnd über abwesende Personen sprechen, damit solche Gespräche und Reden nicht aufkommen, denn sie sind nicht nur nachteilig und verletzend für dritte, sondern es ist auch für Eure Autorität und Wertschätzung wichtig, sie zu unterbinden.

Auch ist Euch auf Euren Lebenswegen große Umsicht hinsichtlich Eurer Reinheit geboten, denn wenn Ihr dieses Gebot verletzt, vergeht Ihr Euch nicht nur gegen Gotte, sondern es bringt auch viele Schwierigkeit mit sich und das behindert die Geschäfte und die Erfüllung der Pflicht. Oft erwachsen daraus andere Gefahren, böse Folgen und ein schlechtes Beispiel. Vermeidet soweit wie möglich das Spiel, besonders das mit den Würfeln und Karten, um anderen kein Beispiel zu geben und weil die Leute beim Spiel nicht mit der Mäßigung und Zurückhaltung handeln und handeln können, die von Leuten Eures Standes verlangt werden; und es ergeben sich viele Gelegenheiten, wo Männer von hohem Rang ihre Besonnenheit verlieren und sich erniedrigen, wodurch sie ihre Würde einbüßen. Ich trage Euch auf, dass Ihr, wenn Ihr je zum Vergnügen spielen solltet, darauf achtet, dass das mit der Schicklichkeit geschieht, die Eurer Persönlichkeit und Autorität entspricht.

Das Schwören ohne zwingende Notwendigkeit muss bei Männern und Frauen aller Stände sehr beklagt werden, und es schädigt deren Ruf, insbesondere den von Männern hohen Ranges, für deren Vertrauen, Würde und Autorität es höchst unpassend und nachteilig ist; deshalb ermahne ich Euch, in dieser Hinsicht sehr vorsichtig zu sein und keinesfalls Schwüre im Namen Gottes oder andere außergewöhnliche Eide abzulegen, die von Personen Eures Standes nicht getan werden und nicht getan werden sollten; und gebt Gleiches all den Edelleuten und anderen Personen, die Euch umgeben, zu verstehen, sowohl durch Beispiel als auch durch Vorschrift, damit sie sich in gleicher Weise verhalten.

Was Eure Tafel, das Essen und die Bedienung anbelangt, so lasst alles mit gehörigem Anstand, Autorität und Sauberkeit handhaben, aber auch mit großer Bescheidenheit und Mäßigkeit, weil Ihr allen, die wie Ihr das Kriegshandwerk ausüben, ein Beispiel geben müsst, weil Mäßigkeit und Bescheidenheit vorteilhaft für Eure körperliche Gesundheit sind und weil Eure Tafel für die Eurer Offiziere Richtschnur und Maßstab sein wird.

Achtet darauf, dass Ihr keinem ein Wort sagt, das ihn verletzen oder beleidigen kann; mit Eurer Zunge sollt Ihr anderen Ehre und Wohlwollen, nicht aber Unehre erweisen. Lasst alle, die Unrecht tun und fehlen, gerecht und angemessen bestrafen; aber diese Bestrafung darf nicht durch beleidigende Worte aus Eurem Mund oder durch Eure Hand erfolgen. Achtet ebenso darauf, dass Ihr im gewöhnlichen Umgang und Verkehr mit anderen Bescheidenheit und Ruhe zeigt und ein hitziges Temperament und laute Worte vermeidet, die die Autorität von Personen Eures Ranges mindern und herabsetzen. Ihr müsst auch dafür sorgen, dass Eure eigene Konversation und diejenige, die in Eurer Gegenwart geführt wird, ehrbar und anständig ist, wie es Eurem Stand und Eurer Autorität entspricht. In gleicher Weise müsst Ihr dafür sorgen, dass Ihr grundsätzlich im Umgang mit Leuten aller Klassen ein leutseliges, freundliches und höfliches Benehmen bewahrt, die schickliche Würde, die Ihr Eurer Person und Würde schuldig seid, und dass Ihr mit der Freundlichkeit, mit welcher Ihr die Zuneigung der Leute gewinnt, auch den Ruf und Respekt behauptet, den Ihr besitzen solltet.

Im Winter und zu Zeiten, wo Ihr nicht auf See seid, und in Ermanglung der Pflichten Eures Amtes könnt Ihr Euch mit Übungen beschäftigen, besonders im Gebrauch von Waffen. Das wird die Edelleute, die mit Euch zusammenleben, veranlassen, sich in gleicher Weise zu betätigen, wodurch sie Ausgaben, Pomp und Ausschweifungen meiden; und alle, die sich im richtigen Gebrauch der Waffen üben, werden tüchtige Ritter, die für jeden Zweck und jede Gelegenheit gerüstet sind. Gleichfalls müsst Ihr vermeiden und anderen befehlen zu vermeiden, dass Kleidung und Ausrüstung verschwendet und verschlissen werden, indem Ihr ihnen ein Beispiel vorlebt, was Euch und Eure Diener betrifft.

An diese Dinge, die mir in den Sinn kamen, wollte ich Euch erinnern, und ich vertraue darauf, dass Ihr besser handeln werdet, als ich geschrieben habe. Dieser Brief ist nur für Euch bestimmt und deshalb von mir eigenhändig geschrieben."[6]

Dergestalt unterwiesen, übernahm nun im Juni/Juli 1568 Don Juan de Austria sein erstes Kommando zur See und ging in Cartagena an Bord der königlichen Galeere. Diese hatte man für den neuen Großadmiral gänzlich renoviert und neu ausgestattet mit Malereien aus den Abenteuern Jasons, der Argonauten und von Odysseus.[7]

Der Zweck der Ausfahrt bestand darin, die von Westindien heimkehrenden Schiffe in Empfang zu nehmen und sicher in den Heimathafen Cadiz zu geleiten. Das Geschwader durchkreuzte daher das gesamte westliche Mittelmeer und landete während der Jagd nach arabischen Korsaren in Puerto Santa Maria, in Mers el Kebir sowie auf den Balearen.[8] Im Herbst endete die erste Seefahrt des Don Juan de Austria ohne größere Vorkommnisse und er begab sich, um einige Erfahrungen reicher, wieder zurück an den Hof in Madrid.

Hier lag die junge Königin nach einer Frühgeburt im Sterben; Elisabeth schloss für immer am 3. Oktober 1568 die Augen. Bei den umfangreichen Trauerfeierlichkeiten für die Verstorbene soll man Don Juan de Austria einen nicht seinem Rang gemäßen Platz zugewiesen haben, so dass dieser sich – angeblich darüber verärgert – gleich anschließend für zwei Monate ins Kloster Santa Maria de Scala Coeli bei Abrojo in der Nähe von Valladolid zurückzog. Sehr viel wahrscheinlicher liegen für diese innere Einkehr aber andere Gründe vor: Zum einen war es damals durchaus üblich, sich zur Trauerarbeit in die Abgeschiedenheit zu begeben. Wir müssen bedenken, dass Don Juan nicht nur die von ihm verehrte und etwa gleichaltrige Schwägerin verloren hatte, sondern auch nur wenige Monate vorher seinen Neffen Don Carlos. Zum anderen dürfen wir nicht vergessen, dass Don Juan höchst religiös erzogen worden war und das besagte Kloster nur wenige Meilen von Villagarcía entfernt lag, wo seine Pflegemutter Magdalena de Ulloa sich aufhielt. Wir können also davon ausgehen, dass Don Juan de Austria diese Zeit der Besinnung zu häufigen Besuchen in Villagarcía nutzte. Zum dritten fuhr in den Wintermonaten die Flotte nicht aus, und so verbrachte der Großadmiral die Wartezeit ehrenvoll mit religiösen Übungen.

Kapitel 5

„Krieg mit Feuer und Blut“

Spanien und der Mittelmeerraum[1]

Nach dem Rückzug Kaiser Karls V. aus der aktiven Politik hatten sich die Grenzen des Reiches unter seinem Sohn Philipp II. von Norden nach Süden verschoben: Deutschland wurde zum Ausland und England allmählich zum Rivalen. Die Niederlande hatte Philipp 1559 verlassen und Spanien zum Zentrum seiner Macht erkoren. Von hier aus entwickelte Philipp II. auch seine Politik. Spanien stand im Mittelpunkt seiner strategisch-dynastischen Ziele und ausschließlich spanische Berater umgaben jetzt den König.

Nach dem Erfolg der Reformation nicht nur in Deutschland zeichneten sich die Gegensätze der Konfessionen deutlich ab. Im katholischen Italien und Spanien betätigte sich jetzt die Inquisition auch in dieser Hinsicht: In zwei Autodafés des Jahres 1559 in Valladolid wurden die Anhänger Luthers und des Humanisten Erasmus von Rotterdams sowie des Ideengutes der Waldenser verurteilt und zu einem Teil sogar hingerichtet. Dies war zwar eine kleine Gruppe von Menschen, allerdings aus der gesellschaftlichen Elite des spanischen Adels und der geistigen Elite der Humanisten kommend, sowie einige Mystiker. Auf eine breite Resonanz im Volk stießen diese Bewegungen zumindest in Spanien nicht.

Philipp II. baute einen stark zentralisierten Staat auf, wobei aber seine königliche Autorität nicht immer unangefochten blieb; als Gegenkräfte traten der reiche Klerus, der begüterte Adel und die bisweilen unbotmäßigen Morisken sowie ungehorsame ‚Beamte' auf. Finanzielle Schwierigkeiten führten bereits am 1. Januar 1557 zur Erklärung des Staatsbankrotts, denn Philipp hatte von seinem Vater Karl V. ungeheuere Schulden geerbt. Nicht allein die leere Staatskasse und die wirtschaftliche Rezession der Jahre 1559 bis 1575 bewirkten einen allgemeinen Drang nach Frieden. Trotzdem zeigte sich der spanische König gleich nach dem Friedensvertrag mit Frankreich im April 1559 entschlossen, gegen die Türken im Mittelmeer vorzugehen.

Während Frankreich seine Mittelmeerflotte abtakelte, sah sich Spanien einer doppelten Bedrohung gegenüber – den Korsaren aus den Barbareskenstaaten Nordafrikas von Tripolis bis Salo und dem Osmanischen Reich. Allerdings waren die Türken durch innere Zwistigkeiten, Streit zwischen den Söhnen des Sultans und durch soziale Konflikte in diesen Jahren stark behindert. 1560 hatte die osmanische Macht ihren Gipfelpunkt erreicht, als sie den Kampf um Djerba für sich entschied und damit die Herrschaft des Islam auf das mittlere Mittelmeer ausdehnte. Die Christenheit zeigte sich alarmiert, aber da die türkische Flotte in den Jahren 1561 bis 1564 nicht mehr voll auslief, sorgte diese Atempause für eine Erholung in Spanien.

Man hatte nun Gelegenheit, gegen die Korsaren, die Spanien immer wieder harte Schläge versetzten, vorzugehen. Dazu musste jedoch die spanische Seemacht erst wieder hergestellt werden, wozu wiederum Geld benötigt wurde. Philipp II. ließ sich zum Aufbau der spanischen Mittelmeerflotte die nötigen Steuern genehmigen und so konnten 1564 bereits über 90 Galeeren unter dem Oberbefehl von Don García de Toledo zusammengebracht werden. Das Auftauchen der türkischen Schiffe vor Malta im Mai 1565 ging wie ein Fanal durch Europa, denn der Verlust der Insel wäre für die Christenheit eine Katastrophe gewesen. Der heldenhafte Widerstand der Malteserritter mit ihrem Großmeister Jean de La Valette war bewundernswert. Der Sieg am 12. Mai 1565 über die türkische Flotte bezeichnete eine neue Etappe hinsichtlich der Erholung Spaniens auf seinem Weg zur Seemacht im Mittelmeer.

Dennoch glaubte niemand, dass mit diesem Sieg die Türkengefahr für immer gebannt sei. Am 5. November 1565 befahl Philipp II. La Goletta zu befestigen, außerdem kam ein damals noch ziemlich vager Plan auf, eine Liga gegen die Osmanen zu bilden. Da sich aber Frankreich und Venedig nicht interessiert zeigten, konnte eine gemeinsame katholische Mittelmeerpolitik in Zukunft nur von Rom ausgehen. Hier – in den Ereignissen der Jahre 1566 bis 1570 – lagen die Ursprünge der später unter der Führung von Don Juan de Austria erfolgreichen Heiligen Liga.

Am 30. März 1566 lief die türkische Flotte unter dem Befehl von Piali Pascha in Konstantinopel aus und beseitigte kampflos die Herrschaft Genuas über die Insel Chios, traf am 21. Juli in Cattaro ein, kassierte in Ragusa Tribut, überfiel die karge Küste der Abruzzen, landete am 29. Juli in Francavilla, fuhr gegen Ortona, erschien vor Vasto und kehrte schließlich nicht – wie erwartet – nach Konstantinopel, sondern in einen albanischen Hafen zurück. Dieses Eindringen der Türken in die Adria versetzte Venedig und den Papst in größte Beunruhigung. Zumal auch der Ungarnkrieg nach dem Tode Kaiser Ferdinands (25. Juli 1564) wieder aufflammte, als die Türken die rückständigen Tributzahlungen einforderten. Der Friede in Ungarn konnte erst 1580 (bis 1593) wieder hergestellt werden. Epoche machend ragte ein Ereignis aus dem Ungarnkrieg hervor: der Tod des Sultans Suleiman, genannt der Prächtige oder auch der Gesetzgeber, in der Nacht vom 5. auf den 6. September 1566. Er kennzeichnet für viele Historiker den Beginn des Niedergangs des Osmanischen Reiches, da diesem herausragenden Herrscher sein unfähiger, trunksüchtiger Sohn Selim II. folgte. Allerdings stand hinter jenem ein tatkräftiger Großwesir, Mohammed Sokolli, der die Schwäche des neuen Sultans lange Zeit wettmachte.

In den Jahren 1567/68 musste sich König Philipp II. auf die unruhigen Niederlande konzentrieren und damit geriet der Mittelmeerraum etwas aus dem Hauptblickfeld. Auch die Türken hatten andere Probleme, wie Missernten, zu überwinden und verzichteten daher auf Kriegshandlungen im Mittelmeer.

Aufstand der Morisken[2]

An den Weihnachtstagen des Jahres 1568 drangen einige Morisken, die zwangschristianisierten Nachkommen der ehemals islamischen Bevölkerung (Mauren), in Granada ein und forderten laut eine Wiederzulassung des Islam. Der geplante Handstreich misslang und die Aufrührer zogen mit etwa 1000 Anhängern lautstark wieder ab. Dieser verhältnismäßig geringe äußere Anlass führte in den folgenden Wochen und Monaten aber zu einem Bürgerkrieg der spanischen Moslems gegen die spanischen Christen, in dem die bereits jahrzehntelang schwelenden Konflikte zwischen den beiden Bevölkerungsgruppen gewaltsam aufbrachen. Bald hatten sich 4000 moslemische Aufständische (im heutigen Sprachgebrauch würde man „Islamisten" sagen) in den Bergen versteckt. Dieser Krieg verfeindeter Kulturen breitete sich wie ein Steppenbrand aus. Im Januar 1569 war bereits Almeria von den Morisken eingeschlossen, im Februar schwoll ihre Zahl auf 150 000 an, wovon etwa 45 000 unter Waffen standen. Im März 1569 ergoss sich der Aufstand von den Bergen, den Alpujarras, in die Ebene, die Rebellen nahmen Verbindung mit Algier und – wie manche Gerüchte auch meinten – mit dem türkischen Sultan auf. Die Anführer der Morisken hatten an ihre Glaubensbrüder in Nordafrika geschrieben: „Wir sind in Bedrängnis und auf allen Seiten von Feinden wie von einem verzehrenden Feuer umzingelt. Unsere Not ist so groß, dass wir sie nicht länger ertragen können."[3]

In der Tat hatte sich die Lage der Morisken in Spanien unter Philipp II. beständig verschlechtert. So wurde ihnen

1560 der Erwerb von Negersklaven als billige Arbeitskräfte für Haus und Feld untersagt, ebenso der Besitz von Feuerwaffen. 1567 verbot man ihre traditionellen Lieder und Tänze, Eheschließungen mussten öffentlich nach christlichem Ritus vollzogen werden, die Frauen durften keine Schleier mehr tragen und ihre wunderschönen Bäder wurden zerstört.

Obwohl der Aufstand der Morisken zunächst geheim gehalten werden sollte, war er dennoch zu Beginn des Jahres 1569 das große Thema bei Hofe in Madrid. Auch hatte die Kunde davon bereits Neapel, Genua, Rom und ebenso Konstantinopel erreicht. Desgleichen hörte Don Juan de Austria in seiner klösterlichen Abgeschiedenheit zu Abrojo nahe Valladolid bereits Ende 1568 von den Rebellen in Granada und den Alpujarras. Sein Sekretär Juan de Quiroga sowie sein geistlicher Berater Juan de Calahorra drängten nun Don Juan de Austria, dem König seine Dienste anzubieten.

In einem Brief vom 30. Dezember 1568 schrieb er Philipp II.: „Meine Pflicht, Eurer Majestät zu dienen, und mein natürliches Vertrauen und meine Liebe Eurer Majestät gegenüber veranlassen mich, mit größter Untertänigkeit vorzuschlagen, was mir geziemend erscheint. Ich habe von der Rebellion der Morisken in Granada gehört und von der Notlage in dieser Stadt, und Vermutungen wurden zur Gewissheit; da die Schädigung des Ansehens, der Ehre und der Größe Eurer Majestät, die durch die Unverschämtheit jener Unzufriedenen verursacht wurde, mich sehr betrübt, kann ich in meinem Gehorsam und meiner gänzlichen Ergebenheit in den Willen Eurer Majestät, wie ich es immer bekundet habe, nicht länger zögern und mir verwehren, Eure Majestät zu ersuchen – so wie es der Ruhm der Könige ist, in ihrer Gunst beständig zu sein und Männer durch ihre Macht zu erheben und zu schaffen –, dass Eure Majestät mich, der ich der Eure bin, bei der Züchtigung der Leute verwendet, denn es ist bekannt, dass man mir vor den meisten anderen vertrauen kann und dass niemand schärfer gegen diese Elenden vorgehen wird als ich. Ich gestehe, dass es keine Leute sind, die viel Aufhebens verdienen; aber selbst niederträchtige Seelen werden stolz, wenn sie

Macht besitzen, und dies scheint mir hinsichtlich der Aufständischen nicht geraten. Und weil ihnen diese Macht genommen werden sollte und der Marqués de Mondéjar nicht stark genug für diese Aufgabe ist (er hat sich, wie ich höre, mit dem Präsidenten überworfen, und man gehorcht ihm nur schlecht und ungern) und da irgendjemand dort hingeschickt werden muss und ich mich zu dieser Aufgabe gedrängt fühle und weil ich dem königlichen Willen Eurer Majestät so ergeben bin wie der Ton in der Hand des Töpfers, scheint es mir an Liebe, Zuneigung und Pflichtgefühl gegenüber Eurer Majestät zu fehlen, wenn ich mich nicht für dieses Amt zu Verfügung stellen würde."[4]

Der König zeigte sich zu diesem Zeitpunkt jedoch wenig geneigt, seinem erst 21-jährigen Halbbruder, der noch dazu in kriegerischen Dingen zu Lande keine Erfahrung besaß, zum Oberbefehlshaber seiner Infanterie zu ernennen. Zudem waren die spanischen Streitkräfte in den Niederlanden unter dem Befehl Herzog Albas gebunden.

Zunächst hoben der Generalkapitän von Granada, Mondéjar, und der Gouverneur von Murcia Truppen aus und forderten Galeeren an, um eine Unterstützung der Morisken über das Meer von Nordafrika her zu unterbinden. Der spanische König behielt die Ruhe und schenkte dem Ganzen weiterhin wenig Beachtung. Als der Aufstand sich aber zu einem veritablen Krieg zu Wasser und zu Land auswuchs, kam doch Besorgnis auf, zumal sich Uneinigkeit und Inkompetenz unter den christlichen Kommandeuren offenbarte.

Daher ernannte Philipp II. auf Anraten des Staatsrats seinen Halbbruder Don Juan de Austria im April 1569 nun doch zum Oberbefehlshaber, stellte aber dem noch unerfahrenen Zweiundzwanzigjährigen einen gleichberechtigten Kriegsrat zur Seite. Ohne die Zustimmung der Kriegsräte – das waren der Vizekönig von Granada, der Herzog von Sesa, der Erzbischof von Granada, der Revisor des Heiligen Offiziums (d. h. der Inquisition) und Don Luis Quijada – konnte Don Juan nichts unternehmen. Zudem sollte er auf königlichen Befehl in Granada bleiben und nur durch seine Anwesenheit für

Ausgleich sorgen. Don Juan verabschiedete sich am 6. April 1569 in Aranjuez von Philipp und reiste nach Granada, wo er so eindrucksvoll wie möglich – gemäß den genauen königlichen Anweisungen – in die Stadt einziehen sollte.

In einem Dörfchen, etwa sechs Meilen vor Granada, nahm Mondéjar, begleitet von einer Eskorte und den Offizieren, Don Juan de Austria und sein Gefolge in Empfang. Am nächsten Tag stieß noch der Graf von Tendilla an der Spitze einer glänzend ausgestatteten Kavallerietruppe dazu. Direkt vor den Stadttoren erwarteten die Honoratioren und eine Abordnung der Einwohner Granadas den neuen Oberkommandeur, um ihn gebührend zu begrüßen. Don Juan de Austria hörte, den Hut in der Hand, den Ansprachen huldvoll lächelnd zu. Danach feuerte die gesamte Infanterie, an die 10 000 Soldaten, mehrere Musketenschusssalven ab. Endlich ritt man – Don Juan flankiert vom Erzbischof und dem Präsidenten Granadas – gemächlich auf das Stadttor zu, aus dem sich plötzlich ein langer Zug ärmlich gekleideter Frauen und Mädchen ergoss. Diese versuchten unter lautem Wehklagen das Herz der Exzellenz zu erweichen und forderten laut, den grausamen Tod ihrer Ehemänner, Brüder, Väter und Söhne zu sühnen. Don Juan tröstete die Klageweiber mit einigen Worten des Mitgefühls und versprach, dass ihnen bald Gerechtigkeit widerfahren solle. Dann ritt er mit seinem Gefolge in Granada ein. Hier wurde er von blumengeschmückten Damen, die begeistert von den reich mit Draperien behängten Fensterbrüstungen und Balkonen herabwinkten, mit Hochrufen willkommen geheißen.

Als Don Juan de Austria in seinen Gemächern abgestiegen war, empfing er sogleich eine Delegation der Morisken, die die wohlhabende und gebildete Einwohnerschaft des Albaicin, dem Wohnquartier der Mauren in Granada, vertrat. Sie erhoben Klage gegen die Willkürakte der Beamten und Soldaten und forderten Recht und Ordnung ein. Don Juan antwortete ihnen wohlwollend: „Mich hat Don Philipp gesandt, um den Frieden in diesem Königreiche herzustellen. Darum mögen Alle, die im Dienste Gottes und des Königs treu geblieben sind, des Schutzes und der Erhaltung ihrer Rechte so gewiss sein, als gegen Schuldige die verdiente Strafe nicht ausbleiben soll."[5] Er ernannte umgehend eine Kommission, welche die Beschwerden der Morisken prüfen sollte.

Am 21. April 1569 trat erstmals, nach Eintreffen des Herzogs von Sesa, der Kriegsrat zusammen. Bald jedoch zeigten sich die Nachteile eines geteilten Kommandos, da viele Entscheidungen strittig waren und somit dem König überlassen werden mussten. Die damit verbundenen übermäßigen Zeitverzögerungen nutzten die Aufständischen zu ihren Gunsten und so schleppte sich der Krieg dahin. Das wiederum bewog nun Deza, den immer wieder gestellten Antrag auf Austreibung der Morisken aus Granada erneut aufzunehmen. König Philipp genehmigte die Ausweisung aller Morisken aus dem Albaicin im Alter zwischen 10 und 60 Jahren und übertrug seinem Halbbruder die Ausführung.

An die 3500 männliche Mauren wurden Ende Juni 1569 in ein Lager gebracht, während Frauen, Kindern und Greisen zum Verkauf ihrer beweglichen Habe noch eine Frist in der Stadt gestattet worden war, ehe sie alle zusammen ins Innere Kastiliens, in die Estremadura und nach Andalusien umgesiedelt wurden. Viele starben unterwegs an Krankheit, Hunger und anderen Entbehrungen sowie an den Übergriffen der Wachsoldaten. Dieser Schreckensmarsch ihrer Glaubensgenossen ließ die Morisken der Vega erschauern, viele flüchteten ins Gebirge und schlossen sich nun erst recht den Aufständischen an.

Don Juan de Austria empfand seine erzwungene Untätigkeit in Granada immer stärker als unerträglich. Er haderte mit seinem Schicksal und klagte schon im Mai 1569 darüber, dass er seine Jugend tatenlos verwarten müsse, während andere in den ruhmreichen Kampf zögen[6]. Einmal setzte er sich über die ihm auferlegten Beschränkungen hinweg und beteiligte sich persönlich an einem Kampf, wodurch er sich einen strengen Tadel Philipps zuzog. Aber Don Juan gab nicht klein bei und antwortete protestierend: „Wenn ich mehr Erfahrung und Praxis in meinem Beruf besäße, würde ich Eurer Majestät nichts zu erwidern haben, aber da ich den Dienst, in dem ich zu sterben hoffe, erst erlerne, darf ich keine Gelegenheit versäumen, mich zu vervollkommnen, und außerdem weiß ich, dass es für die Sache Eurer Majestät nicht gut sein würde. Ich bitte Euch, ernstlich zu beachten, wie wenig es mir als dem, der ich bin, und in meinem Alter ansteht, mich einzuschließen, wenn ich mich draußen zeigen sollte."[7]

Der König sah sich aufgrund dieses Eigensinns genötigt, deutlicher zu werden und erläuterte: „Ihr müsst Euch und ich muss Euch für größere Dinge erhalten, und dafür müsst Ihr Euch Euer berufliches Wissen aneignen."[8] Aber Don Juan gab sich noch nicht geschlagen: „Ich möchte natürlich überaus gern Eure Majestät zufrieden stellen und alles tun, was Ihr wünscht; aber in meinem Alter und in meiner Position halte ich es für im Interesse Eurer Majestät erforderlich, dass, wenn ein Ruf zu den Waffen ergeht oder bei einem sonstigen Unternehmen, mich die Soldaten an ihrer Spitze oder zumindest in ihrer Mitte finden, damit ich sie gegebenenfalls ermutige, ihre Pflicht zu tun, und dass sie meinen Wunsch kennen, sie im Namen Eurer Majestät anzuführen."[9]

Ob der König nun von der Notwendigkeit der aktiven Kriegsführung seines Halbbruders überzeugt war, sei dahingestellt. Als sich aber das Gerücht verbreitete, dass man sich in Konstantinopel rüstete, entschloss er sich doch, Don Juan freie Hand zu lassen. Ein königliches Dekret rief jetzt gegen die Rebellen zu einem Krieg „mit Feuer und Blut" auf.[10] Dieser Bürgerkrieg wurde nunmehr von beiden Seiten mit schrecklicher Grausamkeit und unversöhnlichem Hass geführt.

Don Juan de Austria machte sich bereit für die ersten großen Schläge gegen die Aufständischen. Er verließ im Dezember 1569 die Stadt und eroberte Mitte Februar 1570 das stark befestigte Galera. Vom Kampf um die Stadt informierte Don Juan den König: „Durch Don Alonso Puerto-Carrero unterrichtete ich Eure Majestät von der Einnahme Galeras und verwies Euch hinsichtlich der weiteren Einzelheiten an ihn, der während der ganzen Operation dabei gewesen ist und sie beschreiben konnte ... Hier will ich schreiben was noch

Don Juan de Austria in Siegerpose mit dem Fuss auf einem moslemischen Turban
Als Oberbefehlshaber der spanischen Infanterie besiegte Don Juan de Austria die aufständischen Morisken von Granada.

zu sagen bleibt ... Damit die Soldaten bei diesem zweiten Mal mehr Raum und einen besseren Weg hatten, obwohl es beim ersten Mal ausreichte (aber es ist nicht nötig, jetzt zu dieser Erörterung zurückzukehren), wurden zwei Minen gebaut, und nachdem diese gezündet worden waren und an der Spitze des Hecks und an der linken Seite entsprechende Wirkung erzielt hatten, wurde der Ort von vier Punkten aus bombardiert ... Nachdem diese Kanonade gut zwei Stunden ohne Unterbrechung angedauert hatte – ich hatte mich entschlossen, soviel wie möglich zu zerstören –, ließ ich den Ort auf zwei Seiten erkunden ... Aus Angst, die durch unsere Minen und die durch unsere Artillerie hervorgerufene Zerstörung verursacht war, haben die Mauren zunächst keinen großen Widerstand geleistet; im Ort selbst war die Verteidigung jedoch so hartnäckig, dass Haus für Haus genommen werden musste, und der Kampf zog sich von neun Uhr morgens bis in die Nacht hin, wobei in den Häusern, auf den Straßen und auf den Dächern gekämpft wurde und sich Frauen so tapfer schlugen wie ihre Männer."[11]

Dieser verlustreiche Nahkampf wurde aufs Blutigste vergolten; Don Juan berichtete dem König darüber: „Alle fielen durch das Schwert, und nach dem, was ich selbst gesehen habe, scheinen mehr als zweitausendfünfhundert Mauren getötet worden zu sein. Obwohl ich zunächst befohlen hatte, Frauen, Jungen und Mädchen zu töten, und damit begonnen worden war, verbot ich, mit dem Gemetzel fortzufahren; als ich die bösen Blicke sah, mit welchen die Soldaten sich um ihre Beute gebracht sahen ... (ließ ich) jeden nehmen, was er tragen konnte. Ich glaube, dass nur wenige leer ausgingen, so unglaublich war die Zahl der Frauen, Mädchen und Knaben, zusammen mit einem großen Vorrat an Kleidung, Weizen und Gerste ..."[12]

Die Bezwingung Galeras und ihrer unglücklichen Einwohner war ein wichtiger Sieg für die königlichen Truppen und ein Fanal für die Morisken. Don Juan de Austria hatte sich dabei als ein geschickter Heerführer erwiesen, der jedoch für die Besiegten kein Pardon kannte.

Der grausame Bürgerkrieg erstreckte sich noch durch das ganze Jahr 1570. Am 20. Mai unterwarf sich der Generalkapitän der Aufständischen, Hernando el Habaqui, und küsste Don Juan de Austria untertänigst die Hände. Ein Friedensvertrag wurde unterzeichnet und am 15. Juni 1570 streckten 30 000 Mauren die Waffen. Als letzte Frist zur Unterwerfung war der 24. Juni, das Johannesfest, festgelegt worden. In den Bergen jedoch flackerte der Guerillakrieg, geführt von etwa 3000 Morisken, weiter.

Don Juan äußerte daher im August 1570 in einem Schreiben an den König, dass das Land nur durch die Vertreibung aller Morisken befriedet werden könne.[13] Madrid sah den Aufstand allerdings bereits für beendet an, während Don Juan de Austria noch im September 1570 in den Alpujarras kämpfte, die Weinberge und Gärten der Besiegten roden ließ, Deserteure jagte und neue Soldaten rekrutierte. Dabei bemängelte er oftmals die Disziplinlosigkeit der spanischen Soldaten. Auch missbilligte Don Juan die Hetzpredigten des Klerus, die im Bürgerkrieg einen Kreuzzug gegen die Ungläubigen sahen und jegliche Milde verurteilten: „Was für ein Jammer und wie schade ist es, dass … Mönche, die sich mit Eurer Majestät für diese unglücklichen Menschen verwenden sollten – für Menschen, die im Allgemeinen aus Unwissenheit gesündigt haben –, ihre Kraft darauf verwenden, die jetzt gebotene Gnade zu rügen und sich gerade dann, wenn sie ihre eigene Sache so schlecht tun, in die anderer mischen."[14]

Das Edikt vom 28. Oktober 1570 bestimmte schließlich die Umsiedlung der gesamten maurischen Bevölkerung ins Landesinnere nach Nord- und Mittelspanien. Die Vertriebenen durften nur einen bestimmten Teil ihrer beweglichen Habe mitnehmen, ihre weiteren Besitztümer gingen an die Krone. Ungefähr 50 000 Menschen wurden damals heimatlos, ganze Landstriche waren letztendlich entvölkert. Don Juan de Austria, obwohl noch vordem ein unbarmherziger Sieger, war jetzt vom Schicksal der Besiegten bewegt: „Es war der traurigste Anblick der Welt, denn zur Zeit des Abmarsches war so viel Regen, Wind und Schnee, dass die armen Teufel sich unter Wehklagen aneinander klammerten. Es lässt sich nicht leugnen, dass es der größte denkbare Jammer ist, der Entvölkerung eines Königreiches beiwohnen zu müssen. Endlich ist es vorbei."[15]

Am 30. November 1570 verließ Don Juan de Austria Granada und kehrte an die Stätte seiner Lehrzeit als Heerführer nie mehr wieder. Noch befanden sich etwa 400 Aufständische in den Bergen, um den Kampf fortzusetzen, der erst mit dem gewaltsamen Tod ihres letzten Königs Aben-Abo einige Monate später sein Ende fand. Don Juan de Austria hatte einen grausamen Glaubens- und Bürgerkrieg erfolgreich zum Abschluss gebracht, sich dabei den Ruf eines tapferen, beliebten Befehlshabers erworben, sich aber auch nach des Königs Meinung als zu waghalsig und eigensinnig erwiesen.

Der Morisken-Krieg hatte abertausend Opfer gefordert (genaue Zahlen blieben bis heute umstritten). Auch in der engsten Umgebung Don Juans hielt der Tod reiche Ernte. Zweimal konnte Don Juan selbst nur durch glückliche Fügung einer schlimmen Verwundung entgehen. Einmal prallte eine Gewehrkugel von seiner Rüstung ab und hinterließ auf der Brust nur einige Prellungen. Das andere Mal – beim Kampf um Ceron Ende Februar 1570 – traf ein Schuss seinen Helm, sodass Don Juan zwar vom Pferd stürzte, aber keine größeren Verletzungen davontrug. Zuvor hatte er versucht, seine fliehenden Soldaten, die von den Mauren beim Plündern überrascht wurden, mit den Worten aufzuhalten: „Seid ihr Spanier und wisst nicht, was Ehre heißt? Wenn ich bei euch bin, wie dürft ihr Furcht hegen?"[16]

Andere hatten weniger Glück: Quijada, der neben ihm ritt, drang während des Gefechts um Ceron (Seron) eine Kugel in die linke Achsel ein, sodass er schwer verwundet nach Caniles gebracht werden musste. Don Juan schrieb von dort aus an den König: „Dieser Krieg scheint es mehr auf die Führer als auf den zuchtlosen Haufen abgesehen zu haben, dem ein ehrliches Kämpfen weniger am Herzen liegt, als Plünderung."[17] Die Verwundung Quijadas erwies sich als gefährlich. Fünfmal versuchten die Ärzte, die Kugel herauszuholen, jeweils ohne Erfolg.[18] Eine Nachricht ging per Kurier an Doña Magdalena de Ulloa ab, und Don Juan verbrachte in den nächsten sechs Tagen jeden Augenblick, den er erübrigen konnte, am Bett des Verwundeten. Als Luis Quijada sein Ende nahen fühlte, wünschte er die Sakramente zu erhalten. Am 23. Februar kam seine Gemahlin an, um am Lager des Sterbenden zu wachen. Dieser fieberte bereits stark und erkannte sie zunächst nicht. Kurz vor seinem Tode kam er nochmals zu sich, sprach mit seiner Frau und verschied am 25. Februar 1570.

Quijadas Tod traf nicht nur seine Gemahlin, sondern auch Don Juan de Austria tief. Er schrieb an den königlichen Bruder: „Eure Majestät hat heute einen seiner treuesten Diener durch den Tod von Luis Quijada verloren. Er hinterlässt bereits jetzt eine so große Lücke, (...) zumal die Kampagne mit seinem Rat und seiner Meinung geführt worden war. Eure Majestät wird verstehen, wie alleingelassen ich mich fühle und wie sehr ich jemanden brauche, der mir hilft und der mich berät (...)."[19] Und an Kardinal Espinosa schrieb der Trauernde: „Ich liebte ihn so sehr." Auch Philipp zeigte Mitgefühl und antwortete: „Ich glaube, dass ich niemals einen Brief erhalten habe, der mich in größere Trauer stürzte als der Eure vom 25. (...) Ich weiß, wie sehr wir beide sein Dahinscheiden bedauern. Es ist unmöglich, von ihm ohne Kummer zu sprechen, und Ihr habt genug Grund, ihn so tief zu betrauern, wie Ihr es tut."[20]

Luis Quijada wurde aufgebahrt und schließlich mit allen militärischen Ehren im Hieronymuskloster zu Baza beigesetzt. Jahre später ließ ihn seine Witwe in die neu erbaute Klosterkirche San Luis in Villagarcía überführen, die sie gemäß dem testamentarischen Willen ihres verstorbenen Gemahls 1572 gestiftet hatte.[21]

Kapitel 6

„Für Ehre und Größe“

Das Mittelmeer und seine Schiffe

Noch hatte das Mittelmeer seine Bedeutung, die es seit der Antike besaß, nicht verloren. Allerdings kündigte sich bereits in der zweiten Hälfte des 16. Jahrhunderts das atlantische Zeitalter an, heraufbeschworen durch die Entdeckung des amerikanischen Kontinents und durch das allmähliche Erstarken Englands und Hollands als Seemächte. Seit dem Mittelalter war die führende Seemacht im Mittelmeer die Republik Venedig. Hier im Arsenal mit seinem vollständigen Ersatzteil- und Ausrüstungssortiment konnten innerhalb von zwei Tagen 38 Galeeren kriegsmäßig fertig gestellt werden. 1571 arbeiteten im Arsenal und der Werft an die 16 000 Beschäftigte im Schichtbetrieb. Die spanische Flotte spielte ebenfalls eine wichtige Rolle, da ihre Zahl durch Anmietung von Genueser Schiffen bei Bedarf rasch erhöht werden konnte. Unbedeutend war die französische Flotte, auch der Kirchenstaat, Savoyen und die Medici besaßen nur wenige Schiffe. Zur größten Seemacht im Mittelmeer aber hatte sich im 16. Jahrhundert das Osmanische Reich entwickelt. Unter dem bedeutenden Sultan Suleiman II. war die türkische Flotte aufgebaut und durch das Wissen griechischer Kapitäne sowie der Korsaren aus Nordafrika kampfstark gemacht worden.

Das Mittelmeer erlaubte gänzlich andere Schiffstypen als der Atlantik. Die Kriegsgaleere mit ihren zwei bis drei Masten hatte eine Länge von 35 bis 45 und eine Breite von 7 Metern. Auf dem erhöhten Heck und Vordeck standen die Kanonen, auch feuerten von hier aus die Soldaten ihre Flinten ab. Ein eisenbeschlagener 5 bis 7 Meter langer spitzer Schnabel am Bug wurde als Angriffswaffe beim Rammen des feindlichen Schiffes gebraucht. Trotz der vorhandenen Segel bewegte man die Galeere hauptsächlich mittels der Ruder, die von Sträflingen, Sklaven, Gefangenen, selten auch von Freiwilligen gehandhabt wurden. Normalerweise standen die Ruderbänke am Oberdeck links und rechts eines Mittelganges schräg zur Schiffsachse. Nur durch eine niedere Brustwehr geschützt, waren die Ruderer den Witterungseinflüssen sowie dem feindlichen Beschuss fast gänzlich ausgesetzt.

Galeere

Das geruderte Kriegsschiff war auch mit Kanonen bestückt, obwohl damals noch der Enterkampf Mann gegen Mann das Kriegsglück entschied.

Die Galeere besaß nur ein Deck, der Raum unterhalb war in sechs Abteilungen getrennt: die drei vorderen Räume dienten den Mannschaften als Unterkunft sowie als Depots für die Segel, Takelage und Munition; der so genannte Achterraum beherbergte den Kapitän und seine Offiziere, die zweite Kabine fungierte als Speisesaal, dem sich ein Proviantraum anschloss. Wegen ihres schmalen Baus und des geringen Tiefgangs besaß die Galeere nur eine begrenzte Stabilität und Seetüchtigkeit; sie war recht wind- und wellenanfällig. Dennoch galt sie über viele Jahrhunderte hindurch als das bedeutendste Kampfschiff im Mittelmeer.

Aus der Galeere entwickelte der venezianische Schiffsbauer Francesco Bressan zu Beginn des 16. Jahrhunderts die größere Galeasse mit hohem Heck und Vorschiff. Sie war mit bis zu 70 Kanonen bestückt und auf ihren seitlichen Plattformen knieten die Soldaten und konnten durch die Schießscharten in der Reling ihre Gewehre abfeuern. Die Galeasse war bedeutend seetüchtiger und ihre Mannschaft besser geschützt. Daher bildete das Großschiff mit seiner überlegenen Kampfkraft auch den Kern der Ruder-Kriegsflotten. In der Seeschlacht von Lepanto 1571, die eine der größten Galeerenschlachten in der Geschichte war, entschieden die Kanonen der Galeassen mit über Sieg oder Untergang.

Neben diesen damaligen Superschiffen gab es noch die kleine Brigantine mit zwei Masten und bis zu 40 Ruderern. Sie war nur mit zwei oder drei leichten Kanonen bewaffnet. Eine Abart der Brigantine war die noch kleinere Fregatte mit nur einem Mast und wenig Ruderern.

Die unmenschliche Behandlung der Männer an den Riemen machte die Galeere auch zu einem berüchtigten Schiffstyp. Ein Jahrhundert nach Don Juan de Austria berichtet ein ehemaliger Galeerensklave: „Man stelle sich sechs an eine Bank gefesselte Männer vor, nackt, wie Gott sie schuf, einen Fuß auf dem Stemmbrett, den anderen auf der Bank davor, die ein riesiges Ruder halten, sich zum Heck hin mit weit ausgestreckten Armen vorbeugen, um Platz für die Ruderer hinter ihnen zu schaffen, die sich gleichfalls vorbeugen, und dann das Ruder ins Wasser stoßen und ihre Körper auf den knarrenden Bänken nach hinten werfen. Ein Galeerensklave rudert so oft zehn, zwölf oder gar zwanzig Stunden ohne Unterbrechung. Der Bootsmann oder ein anderer Seemann stopft den Armen ein in Wein getauchtes Stück Brot in den Mund, damit sie nicht ohnmächtig werden, und dann befiehlt der Kapitän schreiend, die Ruderschläge zu verdoppeln. Wenn ein Sklave erschöpft über seinem Ruder zusammenbricht (was oft passiert), wird er ausgepeitscht, bis er für tot gehalten wird, und dann ohne weitere Umstände ins Meer geworfen."[1]

Bei voller Fahrt wurden 26 Ruderschläge in der Minute erreicht; die Durchschnittsgeschwindigkeit der Galeeren betrug 4,5 Knoten (etwa 8 km/h), ihre Höchstgeschwindigkeit lag etwa beim Doppelten. Es gab Galeerentypen mit über 500 Mann Besatzung, vereinzelt schufteten bis zu acht Mann an einem Riemen.

Die Zypernkrise und die Heilige Liga

1453 eroberten die Türken das christliche Konstantinopel. Sie bauten ein Imperium auf und bedrohten erstmals 1529 Wien und andere Städte Mitteleuropas. Spanien, das im Westen des Mittelmeerraumes lag, war in dieser Zeit nicht direkt betroffen, allerdings seine Ländereien in Italien: 1555 plünderten die Türken Sorrent, entführten 800 Menschen aus Reggio di Calabria und Salerno in die Sklaverei, brandschatzten Menorca und zerstörten Tripolis in Nordafrika. 1560 wurden die spanisch-genuesischen Schiffe vor Djerba fast völlig aufgerieben, 1565 Malta belagert, 1566 die Insel Chios erobert, ebenso das Herzogtum Naxos, Andros und Keos, im Mai 1566 erschienen die türkischen Schiffe in der Adria und bedrohten Ancona. Die Osmanen waren inzwischen zum gefährlichsten Feind des spanischen Weltreiches im Mittelmeerraum geworden.

Als Sultan Suleiman 1566 auf einem Feldzug in Ungarn starb, folgte ihm sein wenig begabter Sohn Selim nach. Großwesir Mohammed Sokolli, der eine weitschauende imperiale Politik verfolgte, musste sich nun dem zunächst untätigen und zu sehr dem Weine ergebenen neuen Sultan beugen. Dieser lieh sein Ohr eher dem begabten Intriganten Piali Pascha, der zugleich General des Meeres, d. h. der türkischen Flotte war. Auch die schillernde Persönlichkeit des Herzogs von Naxos, Josef Micas (José Miquez, auch Nassi genannt), gewann Einfluss auf den Sultan. Dieser jüdische Großgläubiger und wohl international tätige Spion aus Portugal strebte nach persönlicher Machterweiterung und überredete Selim, das venezianische Zypern zu erobern. Eifrig rüsteten die Türken 1570 auf und trieben für 175 Galeeren 10 000 Ruderer in Anatolien zusammen. Allem Anschein nach bereiteten sich die Osmanen auf einen großen militärischen Schlag im Mittelmeer vor. Im Westen vermutete man einen erneuten Angriff auf Malta, eventuell auch auf La Goletta, bis geheime Nachrichten immer wieder von einem Angriff auf Zypern sprachen.

Und wirklich landeten im Juli 1570 die Türken auf Zypern, Nikosia fiel am 9. September, nur das gut befestigte Famagusta konnte sich noch länger halten und der Belagerung trotzen. Ein halbherzig unternommener Hilfsversuch, Zypern mit einer eiligst zusammengestellten Flotte aus venezianischen, päpstlichen und Genueser Galeeren zu entsetzen, scheiterte kläglich. Die zerstrittenen Kommandeure gingen unverrichteter Dinge wieder auseinander. Das Osmanische Reich blieb siegreich und im Besitz der Insel. Damit war ein dreißig Jahre währender Friede zwischen Venedig und den Türken zu Ende gegangen. Venedig sah seine Herrschaftsgebiete im östlichen und mittleren Mittelmeer sowie den Levantehandel bedroht. Es benötigte Hilfe, um gegen die gewaltige Macht des türkischen Reiches anzukommen. In dieser Situation erschien der schon seit langem verfolgte päpstliche Plan eines Militärbündnisses mit Venedig, den italienischen Kleinstaaten, dem Vatikan und Spanien durchaus in neuem Lichte und recht erstrebenswert.

Im Mai 1571 schlossen daher der Heilige Stuhl, Venedig

und Spanien einen Dreibund, genannt die Heilige Liga. Vorausgegangen waren langwierige Verhandlungen, die dem Initiator Papst Pius V. schier engelsgleiche Geduld abverlangten, bis er Ende Mai 1571 im Petersdom die Liga offiziell verkünden konnte.

Papst Pius V. (1566–1572) – ein Greis mit Adlernase und weißem Bart, asketisch und hellsichtig – sah sich als Vorkämpfer der Christenheit gegen den Islam.[2] Er sprach häufig gegenüber den christlichen Fürsten von seinem Plan, ein Bündnis gegen die Türken zu schließen. Nach seiner Anschauung konnte die Macht des Osmanischen Reiches nur durch eine gemeinsame Kraftanstrengung der katholischen Kräfte gebrochen werden.

Nun war es Pius V. gelungen, die Bedenken und Streitigkeiten zwischen Venedig und Spanien beizulegen. Da Spanien in Italien durch seine Vizekönige in Neapel, Sizilien, Sardinien, Mailand und in der Lombardei regierte und auch Savoyen, Genua sowie die Toskana von Madrid abhängig waren, fürchtete die Republik Venedig oftmals um ihre Unabhängigkeit. Indem waren die Interessenlagen hinsichtlich der Zielsetzung eines militärischen Bündnisses unterschiedlich: Venedig wollte den Levantehandel gesichert sehen und Spanien seine nordafrikanischen Besitzungen. Beide jedoch benötigten für ihre Flotte Geld, und so gab letztendlich die päpstliche Zusage zur Erhebung einer Art Kreuzzugssteuer den positiven Ausschlag.

Die engeren Verhandlungen waren am 1. Juli 1570 mit einer glühenden Ansprache des Papstes für einen Kreuzzug gegen die Ungläubigen eröffnet worden und kamen ein Jahr später zu einem glücklichen Ende. Nach dem Hochamt im Petersdom wurde der Inhalt des Dreibundes bekannt gegeben: Die Heilige Liga sollte ein dauerhafter Zusammenschluss sein und sowohl offensiven wie auch defensiven Charakter haben. Die militärischen Ziele waren das Osmanische Reich und dessen Vasallenstaaten in Nordafrika, wie Algier, Tunis und Tripolis. Die Bündnispartner stellten insgesamt 200 Galeeren, 100 Transportschiffe, 50 000 Soldaten zu Fuß,

4000 Kavalleristen und 500 Artilleristen sowie die erforderliche Zahl an Geschützen und Munition. Jährlich spätestens im März/April sollten die Streitkräfte für die militärische Kampagne bereit stehen. Jeden Herbst wollte man in Rom über die Aktionen des nächsten Jahres beschließen. Von den berechneten 600 000 Scudi monatlicher Kriegskosten übernahm der Papst ein, Venedig zwei und Spanien drei Sechstel.

Zur Erinnerung an dieses Ereignis ließ Papst Pius V. eine Gedenkmünze prägen und Bittprozessionen abhalten, die den Segen Gottes für die christliche Streitmacht erflehten.

Lange umstritten war die Frage, wer den Oberbefehl über die gesamten Streitkräfte der Heiligen Liga zu Wasser und zu Land erhalten sollte. Schließlich einigte man sich auf den Kaisersohn Don Juan de Austria. Dessen Stellvertreter wurde der Admiral der päpstlichen Schiffe, Marc Antonio Colonna; Venedig ernannte den erfahrenen Sebastiano Veniero zum Admiral seines Flottenanteils. Bereits Ende Mai 1571 plante man, in Otranto die Flotte der Liga zusammenzuführen.

Der Generalissimus und die Schlacht bei Lepanto

Pius V. sandte sogleich durch seinen Legaten Kardinal Alessandrino, der in Madrid mit aller Prachtentfaltung begrüßt wurde, ein Breve an Don Juan de Austria. Er teilte ihm darin seine Ernennung zum Generalissimus mit und beschwor ihn, schnellstmöglich nach Italien zu kommen, denn die Osmanen hatten inzwischen im gefallenen Famagusta ein schreckliches Blutbad angerichtet.

In Spanien gab es jedoch Verzögerungen bei der Flottenausrüstung, da die Zeit viel zu knapp bemessen war. Auch Versorgungsprobleme, bedingt durch die Missernte von 1570, mussten erst durch Hilfslieferungen von Weizen, Gerste, Käse und Wein aus den italienischen Besitzungen behoben werden.

Don Juan de Austria hätte gerne so rasch wie nur möglich

Spanien verlassen. Bereits Anfang April ging das Gerücht um, dass er – nach einem Besuch bei Magdalena de Ulloa – sich nach Italien einschiffen wolle. Aber noch am 17. Mai 1571 fragte Don Juan unruhig, wann er endlich fortkönne.[3] Schließlich reiste er am 6. Juni nach Barcelona und traf dort am 16. des Monats ein. In seiner Begleitung befanden sich sein Oberstallmeister Don Luis de Córdoba, der Kämmerer Don Juan de Guzman, der Kammerdiener Jorge de Lima und nicht zuletzt sein geschätzter und unentbehrlicher Sekretär Juan de Soto, der seit März 1570 an seiner Seite wirkte.[4] Dazu kamen noch ein Einkäufer, ein Koch, zwei Hofnarren, zwei Kuriere, ein Führer und drei Diener. Das übrige Gefolge samt Dienerschaft ritt als Vor- bzw. Nachhut.[5]

Kaum wurde Don Juans Abreise aus Madrid allgemein bekannt, sammelten sich viele Menschen entlang des Wegs bis hinaus vor das Stadttor. Hochrufe und Segenswünsche erschallten zum Abschied, denn der Kaisersohn war beim einfachen Volk höchst beliebt. Ein Zeitgenosse vermerkte jedoch weitsichtig dazu, dass diese Begeisterungsstürme „in einigen feindlich gesinnten Ohren viel lauter klangen, als es sein sollte."[6]

In Barcelona erwartete ihn der bewährte Don Luis de Requesens, der als Don Juans Stellvertreter zur See für den spanischen Flottenanteil fungierte. Kurz vorher hatte ihn die Nachricht erreicht, dass als neuer Hafen der Liga-Flotte Messina auserkoren worden war. Don Juan de Austria schiffte sich nun endlich in Begleitung der inzwischen eingetroffenen Erzherzöge Rudolf und Ernst, die über Genua nach Wien in ihre Heimat weiterreisen wollten, in Barcelona ein.

Sein Flaggschiff, die „Real", war die gleiche Galeere, die für Don Juan de Austria anlässlich seiner ersten Ausfahrt gegen die Seeräuber im Mittelmeer vor einigen Jahren gebaut worden war. Man hatte jedoch einige Renovierungsarbeiten am Kiel sowie dem Segel- und Takelwerk vorgenommen, auch die Malereien waren restauriert und die Anzahl der Geschütze vermehrt worden. Den Schiffsschnabel schloss nunmehr ein auf einem Delphin reitender Neptun mit Dreizack ab und das Heck schmückte die Göttin Thetis, eingerahmt von zwei vergoldeten, schwarz geränderten Adlern sowie zwei vergoldeten Löwen in Naturgröße, die das Wappen des Königs, Don Juans und das Goldene Vlies hielten. Goldene Ketten umrankten die rot gestrichenen Bordseiten der Galeere. Auf drei großen Laternen aus Bronze und Kupfer standen die Symbolgestalten des Glaubens, der Liebe und der Hoffnung. Auch die Kajüte des Generalissimus war prächtig ausgestattet: 90 Nussholzplatten mit Intarsien aus Ebenholz, Buchsbaum, Zinn und blauem Email bildeten den Bodenbelag, in dessen Mitte eine Rose aus vergoldeter Bronze prangte. Diese Platten konnten herausgenommen werden und darunter kamen Kisten und Körbe zum Vorschein, in denen Brot, Obst sowie das gesamte Tafelservice verwahrt war.[7] Don Juan zeigte sich außerordentlich zufrieden mit dem Erscheinungsbild der „Real", und so lud er stolz seine Neffen, die Erzherzöge Rudolf und Ernst, zu einer Besichtigung mit Imbiss ein.

Don Juans Freude über die königliche Galeere bekam jedoch bald einen empfindlichen Dämpfer verpasst durch Schreiben aus Madrid, die ihn in diesen Tagen erreichten. In den Briefen machte Philipp seinem Halbbruder heftige Vorwürfe, dass er sich als „Hoheit" titulieren lasse und Ehrungen annehme, die nur einem spanischen Infanten zustünden. Er setzte ihn weiterhin in Kenntnis, dass an alle Minister in Italien Anweisungen ergangen seien, wie sie ihn zu empfangen haben. Philipp instruierte Don Juan außerdem detailliert zur Etikette, die im Verkehr mit hochgestellten Persönlichkeiten in Italien zu beachten seien. Bei Vander Hammen nehmen die entsprechenden Titel und vorgeschriebenen Umgangsformen allein mehrere Seiten ein![8]

Dieses Misstrauen des Königs gegenüber seinem populären Halbbruder, der durchaus als Mitglied der königlichen Familie im In- und Ausland angesehen wurde, verletzte Don Juan tief. Er besprach sich in der demütigenden Angelegenheit mit seinem Vertrauten, dem Sekretär Soto. In seiner impulsiven Art dachte Don Juan nämlich sofort daran, von seinem ehren-

Don Juan de Austria, Sohn Kaiser Karls V.

Die Abbildung zeigt den siegreichen Generalissimus der Heiligen Liga umgeben vom päpstlichen Wappen (rechts oben), dem Wappen Spaniens (oben Mitte) und Venedigs (links) sowie Darstellungen der Seeschlacht bei Lepanto (unten). (Kupferstich 1571, Historisches Museum der Stadt Regensburg)

vollen Amt zurückzutreten und in einem Kloster dem Ruhm der Welt zu entsagen. Viele seiner Biografen sehen in diesen Briefen eine Zäsur im Leben des illegitimen Kaisersohnes.[9] Denn Don Juan wusste sich beim Abschied in Madrid im Einvernehmen mit seinem königlichen Bruder. Er glaubte, nach seinen Erfolgen im Moriskenkrieg Philipps volles Vertrauen zu besitzen. Auch wähnte er sich persönlich gereift und es daher wert zu sein, dass man ihm als Generalissimus der Heiligen Liga weitgehende Entscheidungsfreiheit lasse. Er sah sich jedoch diesbezüglich getäuscht. Die umfangreichen Instruktionen des Königs vom 26. Juni minderten in seinen Augen die hohe Aufgabe des Oberbefehlshabers mit dem verordneten Zwang, keine Entscheidung ohne Hinzuziehen des Kriegsrates zu fällen, zu einer bloßen „Scheinwürde" herab.[10]

Der vor aller Welt mit einer erhabenen Position Ausgezeichnete wurde als nicht gänzlich gleichwertiges Mitglied der königlichen Familie bloßgestellt, indem man dem erfolgreichen Admiral und Feldherrn weiterhin nur den relativ niedrigen Titel „Exzellenz" zubilligte. Don Juan beschwerte sich darüber in einem Brief an Ruy Gómez, den er als väterlichen Freund betrachtete: „Herr Ruy Gomez! Nachdem Euer Gnaden dort eingetroffen sind und die neue Instruktion, die Seine Majestät von mir beobachtet wissen will, kennen werden, will ich Sie nicht damit belästigen, dieselbe hier zu wiederholen; da ich aber weiß, was ich an Euer Gnaden habe, will ich von der väterlichen Weise mir erteilten Erlaubnis, mich in meinen Anliegen an Sie zu wenden, Gebrauch machen und Ihnen mitteilen, dass ich mit Grund diese Verfügung bedauere und zwar nicht aus Eitelkeit, denn Gott ist mir Zeuge, dass mir dieses Motiv ganz ferne liegt; es kränkt mich sehr, dass ich allein auf der Welt eine so einzig dastehende Maßregel gerade in dem Augenblicke verdient haben soll, als ich im Glauben lebte, Seine Majestät würde aller Welt zeigen, sie schenke mir ihr Vertrauen und freue sich darüber, dass mir immer größere Ehren zuteil werden. Ich gestehe Euer Gnaden, dass mich die Ungnade, durch die ich gerade in dem Momente, da aller Augen auf mich gerichtet sind, vielen anderen

Personen gleichgestellt werde, so tief verletzt hat, dass ich schon daran gehen wollte, Gott und Seiner Majestät auf andere Weise zu dienen, zumal man mir so deutlich zu verstehen gab, dass ich in meinem jetzigen Stande nicht entspreche; wenn mich etwas noch davor zurückhält, so ist es die Überzeugung, dass ich diese Maßregel nicht verdiene und dass dieselbe nicht von Seiner Majestät herrührt, sondern von irgend einer Person, die aus der Verminderung meiner Autorität eine Vermehrung der eigenen erwartet. (...) Dies alles führt mich zur Aussprache und zum Verständnisse anderer Dinge, die ich verschweige, sowie zur Annahme, dass unwahre Angaben mich verfolgen und dass ich allen Grund habe, mich über mein Schicksal bitter zu beklagen, weil ich so wenig gegolten habe, dass nach mehrfachem Anspruch auf Anerkennung ich nun auf Befehl Seiner Majestät – und das kränkt mich am meisten – zu voller Gleichheit mit anderen Menschen gelangt bin, während Gott dadurch, dass er mich zum Bruder des Königs gemacht hat, zwischen diesen Menschen und mir eine solche Gleichheit nicht gesetzt hat. Ich sehe wohl ein, dass meine Dienste noch nicht so bedeutend sind und noch keine Lorbeerkränze verdienen; allein dass das, was ich zu leisten bemüht war, so nieder eingeschätzt wird, dass ich im Herzen meines Herrn und Königs statt mehr weniger gelten soll, das ist, was meine Seele so tief betrübt und mich bestimmt, mich an Euer Gnaden mit der Bitte zu wenden, mir nichts zu verschweigen, sondern mir alles zu sagen, was Seine Majestät bewogen haben mag, mich so zu behandeln; denn falls diese Maßregel nur seinem Willen entsprang und ich somit seiner Gnade nicht mehr würdig bin, dann zöge ich es vor, Seiner Majestät in einem anderen Stande zu dienen, als Ihr im gegenwärtigen lästig zu werden; wenn Euer Gnaden es für gut befinden, wäre es mein Wunsch, Sie mögen mit Ihm die Sache besprechen und mir mit Ihrem Rate beistehen; bedenken Sie dabei, welches Verdienst Sie sich bei Gott erwerben, indem Sie diese väterliche Pflicht erfüllen einem Menschen gegenüber, der keinen Vater hat, sondern nur viele Menschen, die meine Jugend und meine geringe Erfahrung ausnützen wollen, um mich zu vernichten, als würde Ihnen meine Vernichtung Ehre und Gewinn bringen (...).“[11]

Mit diesem bitteren Schreiben ließ es Don Juan aber noch nicht bewenden. Nur wenige Tage später sandte er auch an den König einen Brief, in dem es heißt: „Eure Majestät! (...) Was die Befolgung der Instruktionen und der Ratschläge der von Eurer Majestät zu meiner Unterstützung und Führung bestimmten Personen, insbesondere derer des Großkomturs (= Luis de Requesens), anbelangt, so werde ich sie befolgen und beachten, da ich einsehe, dass meine Verantwortung groß ist, und es wird mich freuen, wenn alle Angelegenheiten des Dienstes Eurer Majestät, sowie die mir anvertraute Sache gelingen und ich wünsche und ersehne wahrhaftig nichts anderes, als dass wir alle zusammen diesem einzigen Ziele zustreben, alle anderen, die, wenigstens für mich, nicht so wichtig sind wie dieses, beiseite lassend; wollen Eure Majestät versichert sein, dass ich immer in diesem Sinn vorgehen werde und bitte, mich fort und fort belehren zu lassen, wenn ich etwas nicht richtig erfasse, denn (...) ich vertraue wenig auf mein Alter, auf meine Erfahrung und auf meine Meinung und erkenne wohl, wie sehr ich der Fähigkeiten anderer bedarf, weshalb ich Eure Majestät wieder untertänigst bitte, mich belehren und nach Anhörung auch tadeln zu lassen, wenn man glauben sollte, dass ich das Richtige nicht getroffen habe; (...) Mit dem Antonio Pérez erteilten Auftrag, mir eine Abschrift der den Ministern in Italien gegebenen Weisungen über die mir gebührenden Ehren zukommen zu lassen, haben mir Eure Majestät eine große Gnade erwiesen und es wird mir viel Vergnügen bereiten, nicht nur mich dem Willen Eurer Majestät in dieser Richtung zu unterwerfen, sondern auch die Gedanken Eurer Majestät in allen übrigen Belangen zu erraten, um ihnen zu entsprechen, was ich auch tun will; dennoch werde ich mir erlauben, mit dem schuldigen Respekt demütig zu bemerken, dass es für mich eine unendlich große Gnade und Gunstbezeigung wäre, wenn Eure Majestät geruhen würden, über Ihre Wünsche in dieser Beziehung mit mir direkt zu verkehren und zwar aus doppeltem Grund: der wichtigste ist der, dass Eurer Majestät damit nicht gedient ist, dass ein Minister mit mir darüber verhandle, was Eurer Majestät Wille ist (...); der zweite Grund ist der, dass ich vor meiner Abreise aus Madrid zur Erreichung des gleichen Zieles einige Maßregeln hätte ergreifen können, um mit geringerem Aufsehen das von Eurer Majestät Gewünschte zu erzielen: und weil ich Gott Dank dafür schulde, dass er mich zum Bruder Eurer Majestät gemacht hat, kann ich nicht umhin, es zu beklagen, persönlich so wenig gegolten zu haben, dass, während man allgemein glaubte, ich habe bei Eurer Majestät größere Verdienste erworben, deren Anerkennung erwartet wurde, ich in diesem befehle, durch den ich ohne mein Verschulden anderen Personen gleichgestellt werde, den Beweis des Gegenteils erblicke; denn dafür, dass mein ganzes Streben weit mehr auf den Dienst Eurer Majestät als auf Eitelkeit oder auf andere ähnliche Dinge gerichtet ist, führe ich Gott als Zeugen an, sowie auch für den durch die geringe Einschätzung meiner Leistungen mir verursachten Kummer: infolgedessen habe ich schon öfter überlegt, ob nicht etwa Eurer Majestät Willen besser entsprochen wäre, wenn ich mich um einen anderen Dienst bewerben würde (...); wollen Eure Majestät versichert sein, dass ich mir weder Ehren noch Güter wünsche, außer zu dem einzigen Zwecke, Eurer Majestät mit denselben bessere Dienste leisten zu können: in dieser Hinsicht steht mir eine Erwägung nicht zu; mir obliegt nur die Pflicht, das Befohlene auszuführen, und dieser Pflicht werde ich mich in keinem Falle entziehen (...).“[12]

Genua empfing den Kaisersohn mit großem Gepränge und zahlreichen Festlichkeiten. Die Dorias beherbergten den hohen Gast fünf Tage lang in ihrem Palast und dort setzte Don Juan bei einem Ball alle in Entzücken, da er mit ausgesuchter Grazie zu tanzen wusste. Überhaupt gefiel der lebhafte und wohlgestalte junge Generalissimus mit dem hellen Haar und dem hübschen Gesicht der Genueser Gesellschaft ausnehmend gut, wie der Zeitgenosse Savorgnano in seinem Tagebuch notierte.[13]

Anfang August stach Don Juan wieder in See, nunmehr

begleitet von seinem ehemaligen Studienkollegen, Freund und Neffen Alexander Farnese, Prinz von Parma, sowie von mehreren italienischen Fürsten. Über La Spezia, Porto Ercole, Civitá Vecchia ging es nach Neapel, wo man am 9. August eintraf. Begrüßt von Kardinal Granvelle, der dort seit April 1571 als Vizekönig residierte, versetzte Don Juans Gegenwart das Volk von Neapel in einen wahren Kreuzzugstaumel. Während einer kirchlichen Feier in der Kirche Santa Chiara am 14. August empfing Don Juan de Austria die Standarte der Heiligen Liga sowie den Feldherrnstab aus den Händen des Kardinals. Das riesige heilige Banner, bestimmt als Standarte für die Galeere des Oberbefehlshabers, war aus blauem Damast gefertigt und mit großen Quasten sowie starken Seidenschnüren versehen; es zeigte in der Mitte den gekreuzigten Heiland, darunter rechts das päpstliche und spanische Wappen und links die Embleme Venedigs und Don Juan de Austrias. Eine goldene Kette verband die vier Wappen und versinnbildlichte so die Einheit der Liga-Mächte. Desgleichen symbolisierte das Dreierbündnis der aus drei verbundenen Stäben geformte Feldherrnstab. Er war sechzig Zentimeter lang und fast sechs breit, sein Griff und Knauf vergoldet und reich mit Edelsteinen besetzt. Zu diesem hohen Anlass erschien der junge Generalissimus in einer Kriegsrüstung aus poliertem, goldverziertem Stahl, die Ordenskette vom Goldenen Vlies um den Hals und auf dem Helm einen Federbusch in den Farben der Liga.

Don Juan berichtete dem König von dem prächtigen Ereignis nur mit unzulänglich dürren Worten: „Am 13. d. M. traf ein Abgesandter Seiner Heiligkeit hier ein, der die Standarte der Liga überbrachte, deren Zeichnung mitfolgt. Sie wurde mir am 14. vom Legaten Kardinal Granvella in der Kirche Santa Chiara feierlichst übergeben. Man hat es für gut befunden, dem Überbringer eine Kette von 400 Scudi zu übergeben, und ich beantwortete das mir übergebene Breve Seiner Heiligkeit, wie aus der beiliegenden Abschrift meines Briefes ersichtlich."[14]

Die Fahne der Heiligen Liga wurde am Heck der „Real"

DON JUAN DE AUSTRIA MIT DEM LÖWEN

Don Juan de Austria, geboren am 24. Februar 1547 in Regensburg, gestorben am 1. Oktober 1578 in Bouges bei Namur, unehelicher Sohn Kaiser Karls V. und der Regensburger Bürgerstochter Barbara Blomberg. Der zahme Löwe lief Don Juan de Austria angeblich 1573 in Tunis zu. Er behielt das Tier und nannte sich fortan ironisch der „Löwenritter". (Gemälde von Alonso Sanchez Coello; Museo del Prado, Madrid)

KAISER KARL V. MIT SEINER ULMER DOGGE

Karl V., geboren 1500 in Gent, wurde 1516 König von Spanien und 1519 römisch-deutscher Kaiser. Er dankte 1556 in Brüssel ab und zog sich nach San Yuste in Spanien zurück, wo er 1558 starb. (Gemälde von Jakob Seisenegger, 1532; Kunsthistorisches Museum, Wien)

Kaiser Karl V. und Barbara Blomberg

Nach einer historisch nicht belegbaren Legende soll Barbara Blomberg den kranken Kaiser mit Gesang und Lautenspiel im Gasthof „Goldenes Kreuz“ zu Regensburg erfreut haben. Aus der Liebesbeziehung des Kaisers mit der schönen Bürgerstochter ging Don Juan de Austria hervor. (Nach einem Gemälde des belgischen Historienmalers Willem Geets aus dem 19. Jahrhundert; Historisches Museum der Stadt Regensburg)

Porträtmedaillon des Don Juan de Austria
mit Schriftbändern

Die Inschrift (19. Jahrhundert) an der Fassade der ehemaligen Kaiserherberge „Goldenes Kreuz" zu Regensburg erzählt in Reimen von Zeugung und Geburt sowie den großen Taten des unehelichen Kaisersohnes.

Geburtshaus des Don Juan de Austria
in der Kramgasse zu Regensburg

Vermutlich erblickte der nachmalige Sieger von Lepanto im Elternhaus seiner Mutter Barbara Blomberg 1547 das Licht der Welt.

DON LUIS MÉNDEZ DE QUIJADA († 1569) UND SEINE GEMAHLIN DOÑA MAGDALENA DE ULLOA (1525–1598)

Don Juan de Austrias Pflegeeltern, die er liebevoll „tio" (Onkel) und „tia" (Tante) nannte. (Gemälde im Klostermuseum Villagarcía)

JUANA (JOHANNA), INFANTIN VON SPANIEN (1535–1573), DURCH HEIRAT PRINZESSIN VON PORTUGAL

Die Tochter Kaiser Karls V. und seiner Gemahlin Isabella von Portugal – von 1554 bis 1559 Regentin in Spanien für ihren Bruder Philipp II. – war Don Juan de Austrias Halbschwester. (Gemälde von Anthonis Mor)

PHILIPP II., KÖNIG VON SPANIEN 1556–1598

Der einzige legitime, 1527 geborene Sohn Karls V. erfüllte den Willen des verstorbenen Kaisers und anerkannte Don Juan de Austria offiziell als seinen Halbbruder. (Gemälde von Tizian, um 1553; Galleria Nazionale, Pal. Barberini, Rom)

MARGARETE, HERZOGIN VON PARMA (1522–1586)

Natürliche Tochter Karls V. und seiner Jugendliebe Johanna van der Gheenst – Halbschwester und familiäre Freundin Don Juan de Austrias. (Gemälde von Adriaen Thomas Key; Kunsthistorisches Museum, Wien)

ALEXANDER FARNESE (1545–1592)
Sohn der Herzogin Margarete von Parma. Don Juan de Austria blieb ein Leben lang mit seinem Neffen Alexander freundschaftlich verbunden. Alexander Farnese folgte seinem Onkel als Gouverneur in den Niederlanden nach. (Gemälde, um 1561, von Sofonisba Anguisciola; National Gallery of Arts, Dublin)

DON CARLOS (1545–1568)
Sohn und Thronfolger König Philipps II. Der Neffe und Jugendfreund des Don Juan de Austria starb in noch jungen Jahren als Opfer einer Familientragödie während seiner Inhaftierung. (Porträt von Alonso Sanchez Coello; Museo del Prado, Madrid)

DOÑA ANA DE AUSTRIA (* 1569)
Uneheliche Tochter Don Juan de Austrias und seiner Geliebten Maria de Mendoza – Äbtissin im Kloster Las Huelgas zu Burgos.

SULTAN SELIM II.

Herrscher des Osmanischen Reiches 1566–1574, Sohn und Nachfolger von Suleiman dem Prächtigen. (Domenico Zenoi, Druck nach 1566; Germanisches Nationalmuseum, Nürnberg)

Pius V. (1566–1572)

Papst Pius V. gründete erneut die „Heilige Liga“ als Bollwerk gegen den Islam. Er setzte Don Juan de Austria zum Generalissimus der christlichen Flotte ein. (Gemälde von Scipione Pulzone; Museo Nazionale del Palazzo di Venezia; Rom)

Die „Real“
Nachbau des Flaggschiffes von Don Juan de Austria. (Museo Maritim, Barcelona)

Die drei siegreichen Befehlshaber von Lepanto

V. l.: Don Juan de Austria fungierte als Generalissimus der gesamten Flotte der „Heiligen Liga", Marc Antonio Colonna befehligte den päpstlichen und Sebastiano Veniero den venezianischen Flottenanteil. (Porträtgalerie Innsbruck, Sammlungen Schloss Ambras)

Die Seeschlacht bei Lepanto (7. Oktober 1571).
In einem fürchterlichen Gemetzel Mann gegen Mann errang schließlich die Flotte der „Heiligen Liga" den Sieg über die Flotte des Osmanischen Reiches. (Zeitgenössisches Tafelbild; Archivio di Stato, Siena)

Don Juan de Austria auf seinem Flaggschiff „Real"
inmitten des Kampfgetümmels vor Lepanto (Naupaktos) 1571. (Ausschnitt aus dem Fresko von Andrea Micheli, gen. Vicentino, im Dogenpalast zu Venedig, Sala dello Scrutinio)

Die Gedenkmünze zum Sieg von Lepanto (Naupaktos) 1571
zeigt auf der Vorderseite Don Juan de Austria und auf der Rückseite den Generalissimus auf der Siegessäule in der Pose eines antiken Triumphators, der gerade von Viktoria mit Lorbeer bekränzt wird. Im Hintergrund die Flotte der „Heiligen Liga“ (links) und des Osmanischen Reiches (rechts). (Historisches Museum der Stadt Regensburg)

Die „Lepanto-Monstranz“ von 1708 aus der Kirche „Maria de Victoria“ zu Ingolstadt
angefertigt zur Verherrlichung des großen Sieges bei Lepanto über die Ungläubigen. (Stadtmuseum Ingolstadt)

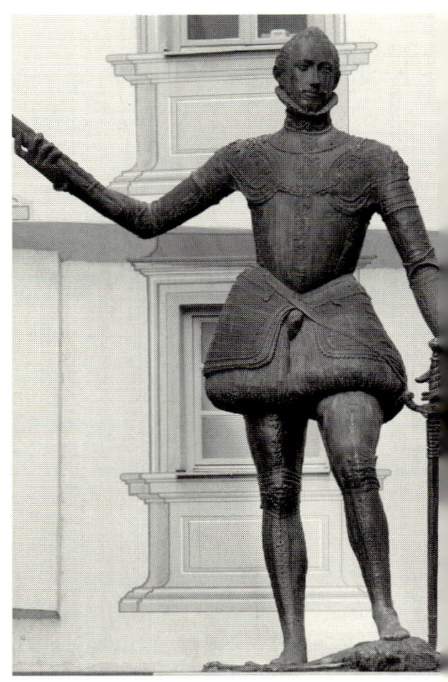

DON JUAN DE AUSTRIA

Zu Ehren des Siegers von Lepanto wurde bereits 1572 in Messina ein kolossales Bronzestandbild des Bildhauers Andrea Calamech errichtet (links). Eine Kopie dies Statue wurde 1978 in Regensburg auf dem Zieroldsplatz aufgestellt (rechts).

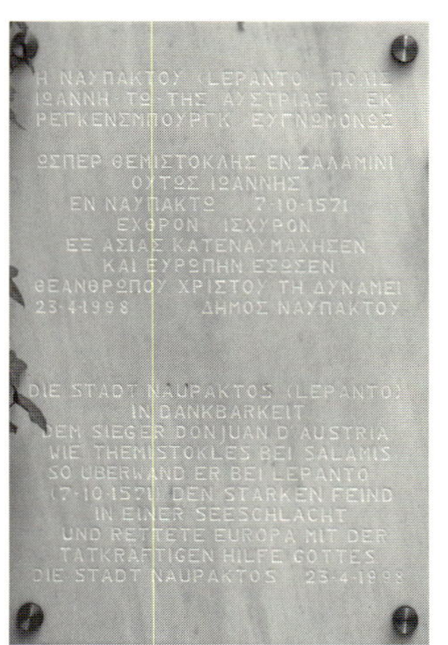

ERINNERUNGSTAFEL AM GEBURTSHAUS DES DON JUAN DE AUSTRIA IN REGENSBURG

Die griechische Stadt Naupaktos (Lepanto) gedachte im Jahre 1998 in Dankbarkeit des Siegers von Lepanto.

Don Juan de Austria

Der Sohn Kaiser Karls V. war königlicher Gouverneur in den Niederlanden von 1577 bis zu seinem frühen Tode am 1. Oktober 1578. (Zeitgenössischer Kupferstich; Historisches Museum der Stadt Regensburg)

Grab des Don Juan de Austria im Escorial

Die Grabplatte im Pantheon der Infanten ist eine Arbeit der Künstler Ponciano Ponzano und Giuseppe Galeotti aus dem 19. Jahrhundert. (Monasterio de San Lorenzo el Real de El Escorial)

gehisst, während von allen Schiffen und von der Festung Salutschüsse donnerten. Schon zuvor hatte der Kardinal die Massen mit einer in drei Sprachen gehaltenen Rede bei der Übergabe des Heiligen Banners begeistert: „Nimm, glücklicher Prinz, das Zeichen des wahren, Mensch gewordenen Wortes; nimm das Zeichen des heiligen Glaubens, dessen Verteidiger du in diesem Unternehmen bist. Es verleihe dir ruhmreichen Sieg über den gottlosen Feind und durch deine Hand werde sein Stolz vernichtet." Gemeinsam mit Don Juan riefen daraufhin Tausende bekräftigend und entflammt: „Amen! Amen!"[15] Der Sieg des Kreuzes über den Halbmond erschien allen bereits in diesem Augenblick als sicher.

Am 24. August erreichte Don Juan de Austria mit seiner Begleitung endlich den Sammelort Messina, wo er von Colonna und Veniero ungeduldig erwartet wurde. Auch die Bewohner Messinas empfingen den Generalissimus mit prächtigen Ehrungen. Gegenüber dem Anlegeplatz im Hafen hatte man ein gewaltiges Bauwerk errichtet, mit breiten Freitreppen, die zum Wasser hinabführten. Hier wurde Don Juan hinaufgeleitet und oben auf der viereckigen Plattform beschenkte man ihn mit einem in Silber aufgezäumten Schlachtross. Wieder feuerten Kanonen donnernden Salut, und unter den begeisterten Hochrufen der Menge ritt der Kaisersohn durch die festlich geschmückten Straßen Messinas zur Kathedrale.

Nachts war nicht nur die Stadt, sondern auch der Hafen illuminiert. Da lag nun die größte christliche Flotte, die jemals auf dem Mittelmeer fuhr: Mehr als 300 Schiffe mit einer Besatzung von 80 000 Menschen! Spanien hatte 90 Galeeren, 24 Lastschiffe, 50 Fregatten und Brigantinen samt Mannschaften entsandt; der Papst stellte 12 Galeeren und Venedig 106 sowie 6 Galeassen und 20 Fregatten.

Der Generalissimus verlor keine Zeit und entsandte zwei schnelle Galeeren unter Gil de Andrade zur Erkundung der feindlichen Position. Dem widerstrebenden Veniero befahl er, da dessen Schiffe schlecht ausgerüstet waren, 2500 Neapolitaner und 1500 Spanier an Bord zu nehmen; 6000 italienische und an die 800 deutsche Soldaten wurden auf die Schiffe Dorias verteilt. Zudem hielt der Oberbefehlshaber am 10. September an Bord der „Real" einen ersten Kriegsrat ab, an dem 70 Personen teilnahmen. Nachdem widerstreitende Auffassungen über die zukünftige Vorgehensweise der Flotte vertreten wurden, entschied sich Don Juan nicht für defensives Taktieren, sondern für ein unverzügliches Aufsuchen und Stellen des Feindes.[16] Bereits zuvor hatte sich der Generalissimus mit seinen Generälen bekannt gemacht und bei dieser Gelegenheit eine kurze Rede, „voll militärischen Ernstes" gehalten.[17] Durch seine jugendliche Lebhaftigkeit, sein bescheidenes und zugleich würdevolles Auftreten, seine Ruhe und Sicherheit gewann Don Juan offenbar das Vertrauen der weitaus älteren und erfahreneren Generäle, wie der Schriftsteller und Historiker Felix Hartlaub meint. Sie wurden versetzt in „ein heiteres Vertrauen in den jungen Prinzen, den sie noch kaum kannten und von dem sie nur Arges erwartet hatten. Natürlich waren dies nur die Empfindungen eines Augenblicks (...), aber sie wirkten lange nach und konnten im entscheidenden Augenblick aufgerufen und in ihrer ersten Frische erneuert werden."[18]

Der fast 70-jährige Veniero berichtete von den Ereignissen der ersten Tage nach Venedig: „Am 23. August kam Don Juan mit zweiundvierzig Galeeren an und wurde von uns mit all den Feierlichkeiten empfangen, die in unserer Macht standen. Seine Hoheit rief uns zur Beratung zusammen und sagte, wir sollten feststellen, welche Streitkräfte wir hätten, und dass er seinerseits vierundachtzig Galeeren besitze, einschließlich dreier von Savoyen und derjenigen von Malta, sowie siebentausend Spanier und sechstausend Italiener – alles gute Truppen. Signor Marc Antonio sagte, er besitze nur wenige Galeeren, aber sie seien in ausgezeichnetem Zustand. Ich sagte, dass ich von Korfu mit fünfundachtzig leichten Galeeren, sechs schweren und drei Transportschiffen gekommen sei; dass im Kanal von Korfu zwei leichte Galeeren und zwei Transportschiffe mit Proviant, Munition und Soldaten von der Flotte des Feindes erobert und außerdem ein Schiff bei

Kephalonia genommen worden sei und dass ich drei Galeeren in den Golf von Venedig entsandt hätte, so dass mir achtundvierzig Galeeren verblieben seien, die wegen Krankheit, der Eroberung der Transportschiffe und der Blockade der Schiffe im Golf durch die Feindflotte nicht sehr gut mit Soldaten bemannt seien; dass aber Signor Prospero Colonna mir gerade zweitausend Fußsoldaten bringe, dass ich zwölfhundert von Signor Gaspar Toralbo erhalten solle und vier weitere Kapitäne mit achthundert Mann kämen, was zusammen fünftausendzweihundert Mann machen würde, und dass sie zu diesem Zeitpunkt zur Verfügung stehen würden, wenn sie nicht durch den Vizekönig von Neapel behindert worden seien, was mit ihrem Proviant immer noch der Fall sei; dass die sechs schweren Galeeren jetzt in gutem Zustand seien und ich sechzig Galeeren von Kreta erwartete.

Seine Hoheit fragte mich, wieviel Soldaten meines Erachtens jede Galeere haben sollte; ich antwortete, normalerweise vierzig bis fünfzig Mann, da unsere Rudermannschaften mitkämpften. Er sagte, dass er, da er einen Überschuss an Soldaten habe, den nötigen Rest beisteuern wolle; hinsichtlich des Proviants solle ein Schreiben abgefasst werden. Er erkundigte sich dann, wie weiter vorgegangen werden solle (...)."[15]

Am Abend des 15. September 1571 stachen die schweren Galeassen in See und am Morgen folgten ihnen alle anderen Schiffe der Heiligen Liga. Vom Ende der Hafenmole aus erteilte ihnen der Nuntius den Abschiedssegen. Die Galeeren waren für den bevorstehenden Kampf bestens gerüstet: An Bord befanden sich jeweils 50 Seeleute neben den Ruderern sowie 150 Soldaten mit einigen Freiwilligen und einem Geistlichen. Im Namen des Papstes war allen Kampfbeteiligten die Generalabsolution erteilt worden. Jeder Schiffskommandant hielt eine Abschrift der von Don Juan de Austria erteilten Instruktionen in Händen, die neben anderem auch strengste Disziplin und Gottesfürchtigkeit anordneten, ebenso sparsame Ausgabe von Trinkwasser. Die riesige Flotte teilte sich in die Vorhut mit acht rasch segelnden Galeeren unter dem

Befehl von Juan de Cardona; der rechte Flügel bestand aus 54 Galeeren unter dem Kommando von Giovanni Andrea Doria; Don Juan de Austria befehligte das Zentrum mit 64 Galeeren und Agostino Barbarigo den linken Flügel mit 53 Galeeren. Die Nachhut bzw. Reserve bildeten 30 Galeeren unter Don Alvaro de Santa Cruz. An einem über der Hecklaterne angebrachten Stock wehten je nach Flottendivision Wimpel in den Farben Grün, Blau, Gelb und Weiß. Die sechs Galeassen unterstanden Francesco Duodo und waren paarweise den drei Abteilungen zugeteilt. Die einzelnen Flottenteile sollten in einer Entfernung von höchstens der 4–5fachen Länge einer Galeere fahren, damit der Feind die Schlachtlinie nicht so leicht durchbrechen konnte.

Kurz vor dem Aufbruch schrieb Don Juan de Austria an Don Garcia de Toledo, den ehemaligen Großadmiral der spanischen Flotte, welchem er im Amt nachgefolgt war und mit dem er beständig in engem brieflichen Kontakt stand: „Der Feind ist stärker als wir an Zahl seiner Schiffe, aber nicht, so glaube ich, was die Kampftüchtigkeit der Schiffe oder Männer angeht. So breche ich, so Gott will, heute Nacht mit Kurs auf Korfu auf und fahre von dort aus je nach dem, was ich höre, weiter. (…) Ich vertraue auf den Herrn, dass er uns den Sieg schenken wird, wenn wir auf den Feind stoßen."[20]

Am Abend des 16. September ankerte die Flotte der Heiligen Liga in Fossa di San Giovanni, wo sie die Nachricht erreichte, dass die Türken Korfu angegriffen und nun südlichen Kurs auf Valona genommen haben. Am Vormittag des 17. September fuhr die christliche Flotte nach einem feierlichen Hochamt an Bord des Flaggschiffes Richtung Tarent. Wegen des starken Gegenwindes ankerte man am 18. September bei Cap Spartivento und am 19. bei La Pace. Hier erhielt Don Juan eine Mitteilung, dass der Feind sich womöglich einer Schlacht nicht stellen wolle und sich nach Prevesa zurückgezogen habe. Die Liga-Flotte setzte dennoch ihren Kurs fort und fuhr über Cap Stilo nach Colonne, wo ein ungünstiges Wetter sie vom 21. September an drei Tage lang festhielt. Der aufkommende Sturm verursachte bereits erste

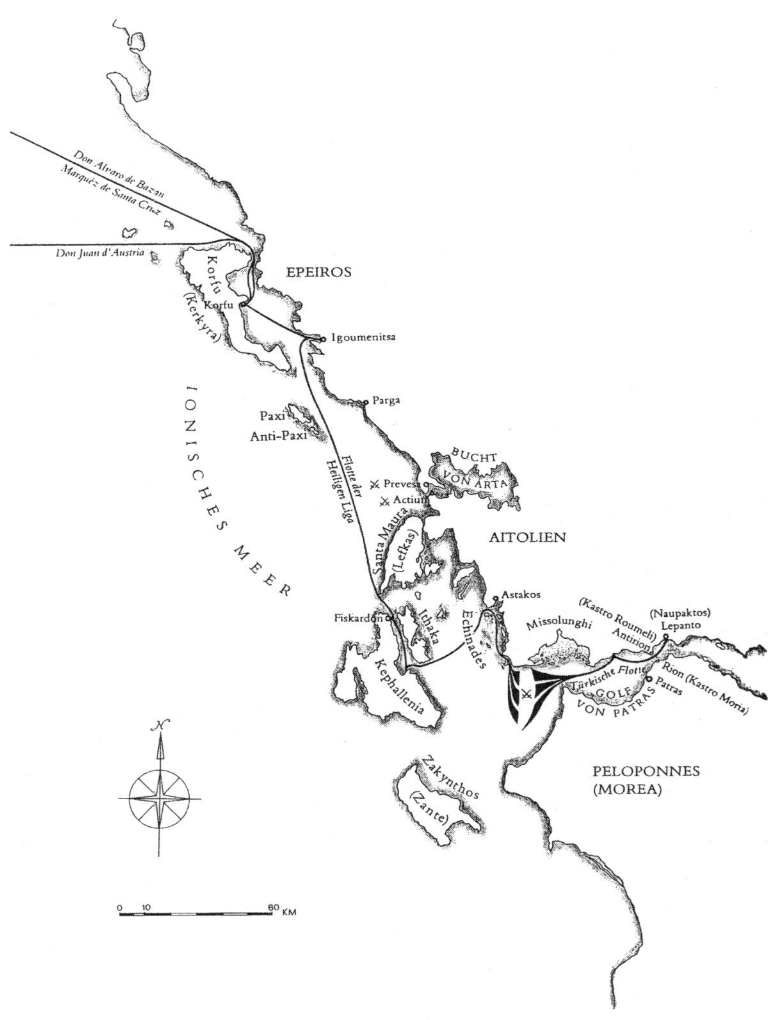

ANFAHRT DER GEGNERISCHEN FLOTTEN
Flottenroute der Heiligen Liga und der Osmanen in Richtung Lepanto.

Schäden; das Flaggschiff der Malteser havarierte an einem Felsen, konnte aber wieder flottgemacht werden.

Endlich erreichte man am Abend des 24. September die Insel Fano und wegen der widrigen Winde lief die Flotte erst drei Tage später im Hafen von Korfu ein. Hier kamen Don Juan Gerüchte zu Ohren, dass die Flotte Ali Paschas nach dem Golf von Lepanto abgefahren sei. Don Juan de Austria hielt deshalb einen Kriegsrat ab, um das weitere Vorgehen zu besprechen. Wieder erhoben sich zaghafte Stimmen, wieder kam es zu kleinlichen Eifersüchteleien zwischen den beteiligten Ländern, aber der Generalissimus setzte sich durch, wobei er von Barbarigo, Colonna und Santa Cruz unterstützt wurde. Man beschloss also, den Feind zu suchen und die entscheidende Schlacht zu erzwingen.

Am 29. September ankerte die Liga-Flotte im geräumigen Hafen von Gomenizza (Igumenitsa) an der Korfu gegenüberliegenden Festlandküste. Hier inspizierte Don Juan die Schiffe nochmals und alle bereiteten sich zum Gefecht vor.

Gil de Andrade hatte die Feinde aufgespürt und ausgespäht: 170 größere Galeeren und 200 kleinere Schiffe mit einer Bemannung von etwa 120 000 Köpfen standen unter dem Oberbefehl von Ali Pascha. Der Vizekönig von Algier, Uluch Ali, kommandierte das algerische Geschwader. Zunächst war die osmanische Flotte in die Adria gesegelt und hatte dort einige Küstenorte überfallen. Als ihre Kundschafter jedoch von der Versammlung der christlichen Flotte in Messina berichteten, zog man sich über Prevesa und Korfu nach Lepanto[21] zurück. Auch Ali Pascha hielt einen Kriegsrat ab, auch hier war man sich uneinig über das weitere Vorgehen. Letztendlich entschied der türkische Oberbefehlshaber ebenfalls, den Feind zu suchen und den Kampf zu wagen.

Die christliche Flotte ging am Morgen des 4. Oktobers bei Cap Blanco, dem nördlichen Vorgebirge der Insel Kephalonia (Kefallinia) vor Anker. Wiederum hielten ungünstige Windverhältnisse und aufkommender Nebel die Liga-Flotte fest. Dennoch setzte man am 6. Oktober die Segel, wurde allerdings nordwärts abgetrieben und befand sich bei Sonnenaufgang des nächsten Tages nur unweit der Echinades-Inseln, die dem griechischen Festland zwischen dem Ambrakischen Golf und dem Golf von Patras vorgelagert sind. Don Juan ließ einige Späher an Land gehen, um Ausschau nach den feindlichen Schiffen zu halten. Da der 7. Oktober ein Sonntag war, befahl der Generalissimus, dass eine Messe abgehalten werde. Anschließend fuhr die christliche Flotte langsam und vorsichtig durch die felsige Inselwelt und ihre gefährlichen Untiefen südwärts in Richtung Lepanto, wo der Feind vermutet wurde. Nachdem die Flotte die Meerenge zwischen Ithaka und Kephalonia passiert hatte sowie durch den schmalen Kanal zwischen der Insel Oxia und Kap Skropha in den Golf von Lepanto eingefahren war, meldeten die Späher vom Mastkorb aus heraufziehende fremdartige Segel und bald kam auch die imposante türkische Flotte von 300 Schiffen in Sicht.

Die christliche Flotte bereitete sich zum Kampf, das Banner der Heiligen Liga wurde am Flaggschiff Don Juans gehisst und beide Flotten nahmen Aufstellung. Die türkische Flotte umspannte in einer lang gezogenen halbmondförmigen Linie fast den ganzen Golf von Lepanto, die Liga-Flotte formierte sich in ähnlicher Weise mit den vorher festgelegten Abteilungen. Alle trafen ihre Gefechtsvorbereitungen. Auf Anordnung Don Juans waren die lang aufragenden Schiffsschnäbel entfernt worden, um den Geschützen unter den Aufbauten des Buges eine bessere Schusslinie zu ermöglichen. Auch waren die Schanzverkleidungen an den Seiten verstärkt und erhöht worden. Auf einigen Booten wurden die Ruderbänke überplankt, um den Schützen und Kämpfenden mehr Platz zu machen. Denn eine Seeschlacht im Mittelmeer wurde zur damaligen Zeit vor allem durch den Kampf Mann gegen Mann entschieden. Die Geschütze hatten die Aufgabe, die gegnerischen Schiffe derartig zu beschädigen, dass sie möglichst manövrierunfähig wurden und somit das Entern erleichterten. Die Soldaten postierten sich für den Angriff, die Wundärzte bereiteten ihre Instrumente und Bandagen vor, Brot und Wein wurden griffbereit gelegt. Den christlichen Ruderern löste man die Fesseln und versprach ihnen die Freiheit, falls sie mutig mitkämpften. Dagegen wurden die muslimischen Rudersklaven besonders sorgfältig an die Riemen gefesselt, um ihnen jede Fluchtmöglichkeit zu nehmen. An Bord des Flaggschiffs hielt der Oberbefehlshaber eine letzte Besprechung ab und teilte den noch immer Zaudernden kurz und bündig mit: „Die Zeit für Beratungen ist vorbei, nun gilt es zu kämpfen!"[22]

Man behielt die in Messina festgelegte Schlachtordnung bei, nur die Stärke der Geschwader wurde leicht verändert: Barbarigo befehligte nun 63 Galeeren auf dem linken Flügel und sollte sich damit dicht an der Festlandküste halten. Doria kommandierte auf der rechten Seite 64 Galeeren, und 63 verblieben im Zentrum unter Don Juan de Austrias Befehl. An der rechten Seite des Flaggschiffes der Heiligen Liga fuhr Colonna mit dem päpstlichen Flaggschiff und links von Don Juans „Real" Veniero mit dem venezianischen Flaggschiff. Das Reservegeschwader von Santa Cruz betrug nun 35 Galeeren, die hinter der zentralen Division herfahren und von dort aus allen zu Hilfe eilen sollten, bei denen die Not am größten war. Die sechs Galeassen postierten sich paarweise vor jedem der drei Geschwader. Die christliche Flotte bildete in dieser Aufstellung eine fast sieben Kilometer lange Kampflinie.

Während alle sich zur Schlacht formierten, fuhr der Generalissimus die Kampflinie in einer schnellen Fregatte ab und ermunterte die Soldaten mit folgenden Worten: „Wir sind hier, um zu siegen oder zu sterben, wie es im Himmel beschlossen ist. Lasst es nicht darauf ankommen, dass unser ungläubiger Feind euch frage: Wo ist euer Gott? Kämpft in seinem Namen, und im Tode oder im Siege werdet ihr die Unsterblichkeit erringen!"[23]

Beim gegenseitigen Vorrücken sollen die türkischen Mannschaften geschrieen und gejauchzt haben, wohingegen es bei den Christen vollständig ruhig blieb. Dann wurde auf jedem Boot ein Kruzifix erhoben, Don Juan de Austria kniete gut sichtbar auf dem Vorderaufbau der „Real" in voller Rüstung nieder und erflehte Gottes Segen, die anwesenden Geist-

Giovanni Andrea Doria (1540–1606)
Der Genueser kommandierte eine Flottenabteilung der Heiligen Liga.

lichen besprengten die Soldaten mit Weihwasser und erteilten allen die Absolution.

Um 10.30 Uhr vormittags am 7. Oktober 1571 begann die Seeschlacht bei Lepanto. Da sich die Flügel vom Zentrum weiter entfernten als vorgesehen, kam es zu drei getrennten Kämpfen: Zuerst schlug sich links Barbarigo mit dem osmanischen rechten Flügel, geführt von Sirocco, wobei Barbarigo durch einen Pfeil den Tod fand und Sirocco schwer verwundet ins Meer stürzte, herausgezogen und getötet wurde. Eine halbe Stunde später begann die Schlacht im Zentrum zwischen Don Juan de Austria und Ali Pascha. Die Spitze der „Sultana" verfing sich in der Takelage der „Real", sodass beide Schiffe zu einem einzigen Schlachtfeld wurden, auf dem über zwei Stunden ein wilder Kampf Mann gegen Mann tobte. Zwischen den Schiffen Dorias und denen von Ochiali begann die kriegerische Auseinandersetzung etwa eine Stunde später, da Ochiali versuchte auszubrechen und Doria ihn verfolgen musste.

Im Verlauf der Kämpfe kam es zu einem unbeschreiblichen Schlachtgemenge, in dem der Tod reiche Ernte einfuhr: „Es bestand keine Schlachtlinie mehr, keine Formation, kein rechter, kein linker Flügel, kein Zentrum; soweit das Auge reichte, sah man nur Feuer, Rauch und mitten darin Gruppen von aneinander geratenen, feuerspeienden und todbringenden Galeeren, deren Maste und Bordwände von Pfeilen starrten, gleichwie enorme Stachelschweine, die ihre Stacheln zum Angriff und zur Verteidigung aufrichten; man sah da nichts anderes als allseitiges Ringen, Stechen, Morden, Brennen … lebende und tote Körper, abgehauene Köpfe, Turbane, Masten, Spieren, allerlei Waffen und Mordwerkzeuge, über welche Zivilisation und Barbarei damals verfügten, in die Fluten stürzen", so beschreibt der Biograf Coloma das kriegerische Durcheinander, in dem Don Juan de Austria selbst mit dem Schwert in der Hand kämpfte.[24]

Die „Sultana" war um zwei Uhr nachmittags erobert, nachdem Ali Pascha in einem Handgemenge von einer Kugel tödlich getroffen worden war. Angeblich soll ein Soldat dem türkischen Admiral den Kopf abgeschlagen und diesen Don Juan vor die Füße gelegt haben. Als das heilige Banner des Propheten eingeholt wurde, schien der größte Widerstand der Osmanen gebrochen. Ochiali (auch Uluch Ali) sah, dass die Schlacht für die Türken verloren war und floh mit 13 Galeeren. Weitere 35 Schiffe der türkischen Flotte erreichten den schützenden Hafen von Lepanto. Eine Verfolgung der Fliehenden war nicht mehr möglich, da die bislang glatte See unruhig wurde und man noch vor Einbruch der Dunkelheit den sicheren Hafen von Petala erreichen wollte. Die größte Seeschlacht des Mittelmeeres fand etwa am Nachmittag gegen fünf Uhr ein Ende und die Flotte der Heiligen Liga mit ihrem Oberbefehlshaber Don Juan de Austria ging als Sieger aus ihr hervor.

Damals, im religiös orientierten 16. Jahrhundert, konnte es nicht ausbleiben, dass man im Sieg der Christen ein göttliches Walten sah, desgleichen in den zahlreichen zufälligen Erscheinungen des Tages. So wechselte der anfangs ungünstige Wind bei Beginn der Schlacht zugunsten der Liga-Flotte, so beruhigte sich die aufgewühlte See, so wurde von den Priestern an Bord keiner getötet, so blieb das blauseidene Banner mit dem Bild des Gekreuzigten unversehrt.

Das Gebiet, in dem die Schlacht getobt hatte, bot bei Sonnenuntergang ein schreckliches Bild. Nach Berichten von Augenzeugen färbte sich im Umkreis von vier Meilen das Wasser vom Blut der Verwundeten rot; zahllose Leichen und Schiffstrümmer trieben in den Wellen. Verwundete Christen wurden noch gerettet, den „Ungläubigen" aber wurde kein Pardon gegeben. Auf Seiten der Sieger hatte man 7600 Tote und ungefähr 14 000 Verwundete zu beklagen. 12 Galeeren waren als verloren, eine als erobert und zahlreiche als beschädigt zu vermelden. Bei den Türken wurden an die 30 000

DON JUAN DE AUSTRIA
Zu Füßen des Siegers von Lepanto liegt ein getöteter Türke, wohl der enthauptete Großadmiral der osmanischen Flotte Ali Pascha. Im Hintergrund erstreckt sich die Küste Griechenlands und die Hafeneinfahrt von Lepanto (Naupaktos).

Mann getötet, 8000 gefangen genommen, und eine unbekannte Anzahl (wohl zwischen 30–50 000) war verwundet und ertrank. Rund 15 000 Galeerensklaven erhielten die Freiheit, 113 osmanische Galeeren wurden versenkt und 117 erobert.[25] Unermesslich war die Beute, da sich auf den türkischen Schiffen neben anderen Kostbarkeiten sehr viel Geld befand. Auch die beiden Söhne Ali Paschas, die ihren Vater erstmals begleitet hatten, gerieten in Gefangenschaft und Don Juan de Austria unterstellte die Jugendlichen seinem ganz besonderen Schutz.

Auf beiden Seiten wurde tapfer und mit ungeheuerem Einsatz gekämpft, wie die Chroniken berichten. „Ich habe eine kleine Hiebwunde am Knöchel davongetragen; allein in Anbetracht eines so großen Erfolges darf ich nicht klagen", schrieb Don Juan später.[26] Zwei Kampfgefährten sollen jedoch speziell hervorgehoben werden: Einmal der spätere spanische Schriftsteller Miguel de Cervantes, der schwer verwundet wurde und eine verstümmelte linke Hand davontrug, die Seeschlacht bei Lepanto aber rühmend in seinem großen Roman „Don Quijote" verarbeitete. Zum anderen eine als Mann verkleidete Frau, namens Maria „la Bailadora" (die Tänzerin), die sich unter die Arkebusiere des Flaggschiffes gemischt hatte, ihre Feuerwaffe mit großem Erfolg handhabte und nach dem Entern einen Türken im Handgemenge erschlug. Don Juan de Austria erlaubte ihr, auch weiterhin auf dem Schiff als Soldatin zu dienen.

Obwohl die türkische Flotte an Zahl der Schiffe und Bemannung der christlichen überlegen war, hatten Don Juan de Austrias Anordnungen zwei Vorteile gebracht: die Beseitigung der Rammsporne bewirkte ein besseres Schussfeld und die Besetzung der einzelnen Geschwader mit Schiffen und Mannschaften unterschiedlicher Länder förderten einen gemeinsamen Kampfgeist. Zudem wurde die mächtige Artillerie der Liga „besser bedient als jene der Türken, und ihre Wirkung war infolge der gedrängten Formation der türkischen Schiffe doppelt furchtbar. Ein großer Teil der kämpfenden Türken war nur mit Pfeilen und Bogen bewaffnet. Auch jene Türken, welche Musketen oder Hakenbüchsen besaßen, konnten diese Waffen nicht mit der Fertigkeit ihrer christlichen Gegner gebrauchen. Auf den christlichen Schiffen waren zum Schutze der kämpfenden Bemannungen etwas hinter dem Vorkastell Schanzkleider errichtet worden, indem man Segel, Tauwerk und Matratzen zwischen ein eisernes Rostwerk presste und das letztere sodann aufrichtete; diese primitive Vorrichtung bot gegen die damaligen Waffen guten Schutz. Einen großen Vorteil gewannen die Christen durch die sechs mächtigen, schwer armierten Galeassen, doch war auch ein Teil ihrer Galeeren stärker gebaut und gegen Enterversuche besser geschützt als jene des Sultans. Die türkischen Bemannungen erkannten auch bald nach Beginn des Kampfes, dass sie unterliegen würden. Die Geschütze vieler türkischer Galeeren wurden alsbald durch die überlegene christliche Artillerie zum Schweigen gebracht, worauf beim Näherkommen die christlichen Handfeuerwaffen die feindlichen Decks so heftig beschossen, dass die Janitscharen unter den Ruderbänken der Sklaven Deckung suchten. Sobald jedoch ein türkisches Schiff geentert wurde, hatten die christlichen Bemannungen unter großen Schwierigkeiten zu kämpfen, indem die Türken die Deckplanken abgenommen oder mit Pech beschmiert hatten, um den Feinden das Vordringen zu erschweren."[27]

Lepanto kennzeichnet den Höhepunkt und zugleich das Ende einer Epoche in der Geschichte der Seekriege. Damals, am 7. Oktober 1571, fand die letzte große Galeerenschlacht – die gewaltigste überhaupt – seit der Antike statt. In den zukünftigen Kriegen zur See ersetzten Segel und Geschützfeuer von der Breitseite die Ruderer, das Rammen und Entern sowie das Kampfgemenge Mann gegen Mann.

Im Hafen von Petala wurden die verheerendsten Schäden an den Schiffen ausgebessert und Don Juan nutzte die Zeit, einen umfangreichen Bericht für den spanischen König über die Ereignisse zwischen dem 30. September und dem 10. Oktober abzufassen. Auch die Admiräle Colonna und Veniero sandten Briefe nach Rom und Venedig.

Am Abend vor Allerheiligen erhielt Philipp II. die Nachricht vom glorreichen Sieg der Heiligen Liga über die Türken während des Gebets in der königlichen Kapelle übermittelt. Er nahm die frohe Botschaft ruhig und unbewegt auf, ließ den Gottesdienst wie vorgesehen verlaufen und gab erst anschließend der Hofgesellschaft den Sieg bekannt. Venedig hatte zuerst vom glänzenden Sieg bei Lepanto gehört und schnell einen Kurier nach Spanien gesandt. Der König schrieb an Don Juan de Austria: „Bruder, durch einen von der Republik Venedig an deren Botschafter gesandten Kurier, der am Abend vor Allerheiligen in Madrid eintraf, habe ich von dem großen Sieg gehört, den unser Herr Euch gnädig geschenkt hat und er hat mich mit der gebührenden Zufriedenheit erfüllt. Ich war jedoch sehr besorgt, bis Euer eigener Bericht eintraf, der mir direkte Informationen und Nachrichten über Euch gab."[28] Des weiteren beglückwünschte der König den Generalissimus zu seinem herausragenden Erfolg und ordnete an, dass dieser nicht nach Spanien zurückkehren, sondern sich in Italien für die nächsten Aktionen der Heiligen Liga zur Verfügung halten solle.

Am 31. Oktober ankerte Don Juans Flotte nach stürmischer Fahrt auf der Reede von Messina. Bald begannen mit den Verbündeten wieder die mühsamen Verhandlungen über die Operationen der Liga-Flotte im kommenden Jahr. Allerdings brachten die Unternehmungen des Jahres 1572 keine Feindberührung und keine Erfolge. Als dann am 7. März 1573 die Republik Venedig vertragswidrig einen wenig vorteilhaften Separatfrieden mit dem Osmanischen Reich schloss, brach die Heilige Liga auseinander. Don Juan de Austria ließ, nachdem er am 7. April 1573 von Venedigs Alleingang erfuhr, das Heilige Banner der Liga einholen.

Kapitel 7

„In Erwartung einer Krone"

Der Sieger von Lepanto

Papst Pius V. hob den Generalissimus der Heiligen Liga weit über das menschliche Maß hinaus. Als er vom Sieg der christlichen Flotte hörte, rief er beglückt aus: „Fuit homo missus a Deo, cui nomen erat Joannes!" – Es wurde ein Mann von Gott gesandt, der hieß Johannes![1] Bereits zur Stunde der Schlacht soll der Heilige Vater, von seherischen Ahnungen erfüllt, die Arbeit unterbrochen, tief in Gedanken versunken zum Fenster hinausgeblickt und auf besorgte Fragen geantwortet haben: „Für Geschäfte ist jetzt nicht der geeignete Moment … Dankt Gott, denn in diesem Augenblick hat unsere Flotte den Sieg errungen."[2] Am 26. Oktober 1571 traf der von Don Juan de Austria an den Papst gesandte Graf von Priego in Rom ein. Er brachte, drei Tage nach dem venezianischen Kurier, die Kunde vom Sieg bei Lepanto und eine ausführliche Darstellung der Geschehnisse.

Don Juan de Austria erreichte zu Allerheiligen mit der siegreichen Flotte Messina, im Schlepptau hatte er die gesamte Kriegsbeute. Davon erhielt – gemäß den vertraglichen Bestimmungen des Bündnisses – der Papst 27 türkische Galeeren samt Geschützen und Feuerwaffen sowie 200 Sklaven. Das Flaggschiff Ali Paschas ging an den spanischen König mit weiteren 81 Galeeren samt Geschützen und Feuerwaffen sowie 3600 Sklaven. 54 Galeeren mit Geschützen, Feuerwaffen und 3600 Sklaven bekam Venedig. Dem Generalissimus gebührte ein Zehntel der gesamten Beute; Don Juan nahm aber nur 16 Galeeren, 720 Sklaven und den zehnten Teil der Geschütze. Auch der Erzieher der gefangenen Söhne Ali Paschas wurde ihm zugeschlagen.[3] Seiner Tante und Ziehmutter Doña Magdalena de Ulloa ließ er neben der Siegesnachricht auch einige Trophäen überbringen, darunter eine von ihm selbst erbeutete türkische Fahne, die noch in der Kirche von Villagarcía zu sehen ist.

Das Schicksal der Söhne des toten Ali Paschas rührte Don Juan. Zumal der jüngere der beiden, namens Mahomet-Bey, der erst dreizehn Jahre alt war, sich ihm bewundernd anschloss. Der ältere, ein schöner, wegen seines Schicksals aber recht verzweifelter 16-Jähriger, erwies sich als schwierig im Umgang. Don Juan nahm sich nun der beiden Knaben an, wie wir aus mehreren Briefen ersehen können. An den spanischen Botschafter in Rom schrieb er: „Hochgeborener Herr! Ich erinnere mich, Ihnen schon mitgeteilt zu haben, welch große Sympathie ich zu den Söhnen des Paschas seit ihrer Gefangennahme hege, weil sie edle und gute Jünglinge sind und weil ich das Unglück voll erfasse, in das sie ohne eigene Schuld geraten sind, denn sie hatten weder das Alter noch die Bosheit, uns irgendwelchen Schaden zuzufügen. Die Zuneigung dauert heute noch an, um so mehr als ich oft dachte, es sei edler Charaktere unwürdig, den besiegten Feind schlecht zu behandeln, und dieser Ansicht entsprechend habe ich sogleich befohlen, dass diese Knaben und die übrigen Gefangenen von Rang, ganz besonders aber die ersteren, so lange ich über sie verfügen darf, auf das beste und mit aller Rücksicht behandelt werden sollen. (...) ich bitte Sie inständigst, mir Ihre Meinung mitzuteilen und Ihrerseits das Möglichste zu tun, damit diese Gefangenen gut behandelt werden, denn, wie ich bereits gesagt habe, bin ich der Ansicht, dass man dem Feind bis zu seiner Besiegung Härte und Mut, nach dem Siege aber Milde und Mitleid zeigen soll. Verständigen Sie mich bei

DON JUAN DE AUSTRIA

Der Sohn Kaiser Karls V. dargestellt als Generalkapitän König Philipps II. und Generalstatthalter der Niederlande. (Kupferstich, Historisches Museum der Stadt Regensburg)

nächster Gelegenheit über das in dieser Sache erzielte Ergebnis. Gott beschütze Euer Hochgeboren."[4]

Don Juan de Austria schickte die jungen Gefangenen in Begleitung ihrer Dienerschaft nach Rom und sandte ihren Erzieher Alhamet nach Konstantinopel, um die Familie der Kinder zu benachrichtigen. Der ältere der Brüder starb jedoch an Schwindsucht in Neapel, der jüngere konnte später wohlbehalten in seine Heimat zurückkehren. Zuvor hatte Fatima, eine Tochter Ali Paschas, kostbare Geschenke mit einem Bittbrief an Don Juan geschickt: „Erhabener Herr! Vor allem küsse ich die Erde, die Eurer Hoheit Füße berühren, und lasse Eurer Hoheit wissen, wie sehr ich dankbar bin für die uns allen erwiesene Gnade, unserem Diener Alhamet nicht nur die Freiheit gegeben, sondern ihn auch hergesendet zu haben, damit er uns benachrichtige, dass nach dem Tode meines Vaters und der Vernichtung unserer Armada, meine armen verwaisten Brüder ihr Leben gerettet haben und sich in der Gewalt Eurer Hoheit befinden, wofür ich Gott bitte, er möge Eurer Hoheit ein langes Leben schenken. Was mir und uns allen jetzt erübrigt, ist, Eure Hoheit zu bitten, um der Seele Jesu Christi willen, um des Lebens Eurer königlichen Hoheit, um des Hauptes Ihrer Mutter, um der Seele Ihres kaiserlichen Vaters, um des Lebens Ihrer Majestät, Ihres Bruders willen, uns die Gnade zu gewähren und die Wohltat zu erweisen, diesen armen Waisen die Freiheit zu schenken. Sie haben keine Mutter, ihr Vater ist durch die Hand Eurer Hoheit gefallen. Sie stehen nur unter dem Schutze Eurer Hoheit. Nachdem Sie, wie es alle bekennen, ein so gütiger Kavalier, ein so mitleidiger und großmütiger Prinz sind, erbarmen Sie sich der Tränen, die ich stundenlang vergieße, und der traurigen Lage, in der sich meine Brüder befinden, und gewähren Sie mir diese Gnade. Einige Gegenstände, die man hier erhält und ich aufbringen konnte, sende ich Eurer Hoheit als Präsent und bitte Sie, dasselbe anzunehmen. Ich weiß wohl, dass es Ihrer erhabenen Größe nicht entspricht, und dass Sie wertvollere Gegenstände verdienten, doch meine Kräfte sind gering. Eure Hoheit sollen nicht auf die Geringfügigkeit des Gebotenen achten, sondern auf den guten Willen, mit dem es gegeben wird. Ich wiederhole die Bitte, Eure Hoheit geruhen, mir um die Seele Jesu Christi willen, diese Wohltat zu erweisen und meinen Brüdern die Freiheit zu geben, denn durch diese, Ihren Feinden gewährte Wohltat werden Sie sich den Ruf eines großmütigen, mitleidigen Herrn erwerben (...). Es küsst die Füße Eurer Hoheit Ihre Sklavin, die arme Schwester der Söhne Ali-Paschas."[5]

Die mitgebrachten Geschenke waren durchaus nicht so unerheblich, wie vornehm angedeutet: vier Zobel-, zwei Luchs- und ein Hermelinpelz, ein Atlasmantel mit Luchspelz und breiter Brokatverbrämung samt Stickereien (ehemals im Besitz des persischen Königs), sechs herrliche, jeweils sieben Ellen lange Brokatstoffe, zwei Kisten voll mit feinstem Porzellan, eine Kiste voller bestickter Seidentücher, eine seidene, goldbestickte Decke, eine gesteppte Brokatdecke, eine große Anzahl lederner Tischdecken sowie parfümierte Ledertapeten, ein mit goldenen Beschlägen und Türkisen verzierter Damaszener-Säbel sowie fünf vergoldete Bögen samt 500 mit emaillierten Goldbeschlägen verzierten Pfeilen in einem parfümierten Köcher aus dem Besitz Suleiman des Prächtigen, zusätzlich ein Bogen samt Köcher ganz aus Gold gefertigt, viele verschiedenartige Federn, eine Schachtel mit Moschusknöpfen, einige sehr große Teppiche, vier Flaschen Mastix aus Chios, mehrere Becher sowie vierundzwanzig mit Gold- und Silberbeschlägen und Rubinen verzierte Damaszener Messer.

Don Juan de Austria betrachtete höflich die kostbaren Präsente, behielt sie jedoch nicht, sondern gab diese später dem heimkehrenden Knaben samt einem Begleitschreiben an Fatima mit: „Edle und tugendhafte Dame! Als Ihre Brüder Achmet-Bey und Mahomet-Bey nach der Schlacht, die ich über die türkische Armada siegreich erfocht, auf meine Galeere gebracht wurden, habe ich schon in der ersten Stunde ihren Edelmut und ihre vornehmen Sitten erkannt und in Anbetracht des menschlichen Elends und der Unbeständigkeit des Schicksals, sowie in Erwägung dessen, dass diese edlen Jünglinge nicht zu unserem Schaden, sondern nur in Begleitung ihres Vaters und zu seiner Zerstreuung bei der Armada waren, beschloss ich, sie nicht nur als edle Menschen behandeln zu lassen, sondern ihnen die Freiheit zu geben, sobald Zeit und Umstände es erlauben würden. Diese meine Absicht festigte sich noch mehr, als ich Ihren Brief erhielt, der so viel Trauer und schwesterliches Mitgefühl und so große Sehnsucht nach der Befreiung Ihrer Brüder bezeigte; und als ich glaubte Ihnen beide schicken zu können, da erreichte Achmet-Bey, zu meinem größten Leidwesen, das Ende seiner Leiden d.i. der Tod. Nun schicke ich Mahomet-Bey in die Freiheit, sowie auch alle anderen Gefangenen, um deren Befreiung sie gebeten haben, und wäre der Verblichene noch am Leben, so würde ich auch ihn mitschicken. Seien sie versichert, meine Dame, dass ich es sehr bedauere, eine Teil Ihrer Wünsche nicht erfüllen zu können, denn ich schätze sehr hoch den Ruf Ihrer edlen Tugenden. Das Geschenk, das Sie mir sandten, habe ich nicht in Empfang genommen, sondern es Mahomet-Bey überlassen, nicht weil ich es, als von Ihnen stammend, nicht schätzte, sondern weil es der Größe meiner Vorfahren nicht entspricht, von Bedrängten Geschenke entgegenzunehmen, wohl aber ihnen solche zu geben und Gnaden zu erweisen; und als eine solche wollen Sie Ihren Bruder und jene Personen, die ich mitsende, empfangen; und wenn bei einer anderen Schlacht einer Ihrer Angehörigen gefangen genommen werden sollte, so wird ihm ebenso freigebig die Freiheit gegeben und jede Freude bereitet werden."[6]

Lepantos Bedeutung und Verklärung

Die Bewertung der historischen Bedeutung von Lepanto ist zwiespältig. Die einen sehen in dieser Schlacht den größten Sieg der Christenheit über die Ungläubigen sowie die Rettung des abendländischen Christentums vor dem Islam, wie dies Normann-Friedenfels in seiner seekriegsgeschichtlichen Studie, die 1902 erschien, zusammenfasst: „Als bedeutender Faktor in dieser Seeschlacht spricht sich der religiöse Widerstreit der Kämpfenden aus. Die Niederlage der Türken rettete das Christentum. Bei Lepanto erreichte die Flutwelle des Moslemismus ihren höchsten Stand. Die Entscheidung schwankte so lange, die Zahl der Kämpfenden war so groß, die Schlacht war so blutig, die Personen der beiderseitigen Kämpfenden waren so hervorragend, dass dieser größte Seesieg aller Zeiten auch einen bedeutungsvollen Zeitpunkt in der Weltgeschichte markiert. Es war ein erbarmungsloser Vernichtungskampf, erfüllt von Glaubens- und Rassenhass, wie ihn nur die Vergeltung für langjährige, vom Erbfeinde erlittene Unbill zeitigen konnte."[7]

Die nächsten begreifen den Sieg der Liga-Flotte als bedeutend, weil mit ihm nicht nur die politische Vorherrschaft der Osmanen im Mittelmeer endgültig vorbei, sondern auch das Osmanische Reich seinen Machtzenit überschritten hatte. Mit Lepanto begann der Niedergang und der Verfall der osmanischen Großmacht.[8] In seinem großen Werk „Das Mittelmeer" meint Fernand Braudel dazu: „Wenn man aber nicht nur betrachtet, was auf Lepanto folgte, sondern auch die Lage zuvor, scheint dieser Sieg mit einer Zeit des Elends, eines realen Minderwertigkeitskomplexes der Christenheit und einer nicht weniger realen türkischen Vorherrschaft Schluss gemacht zu haben".[9]

Dem widersprechend, neigen andere dazu, die positiven Folgen des Sieges für die christliche Seite auf politischem Gebiet zu negieren. Zwar war die türkische Flotte fast gänzlich vernichtet worden, aber kaum ein Jahr später besaß die Hohe Pforte ein neues ausfahrbereites, gewaltiges Geschwader. Voltaire urteilte daher in seinem „Essai sur les moeurs" scharfzüngig: „Es schien, als ob die Türken die Schlacht von Lepanto gewonnen hätten."

In beeindruckender Einmütigkeit bewertet die Mehrzahl der Historiker somit den Sieg von Lepanto zwar als spektakulär und ruhmvoll, letztendlich aber als politisch unergiebig. Die unmittelbare Wirkung des Sieges bei Lepanto auf die Zeitgenossen allerdings war ungeheuer groß. Bald schon rankten sich Legenden um die Schlacht, und der Sieger von

Lepanto, Don Juan de Austria, wurde in vielfältiger Weise verherrlicht, wie dies oftmals weit später noch in der patriotisch-nationalen Geschichtsschreibung geschah: „Aber aus dem Rauch und Feuer der mörderischen Schlacht ragt leuchtend die Heldengestalt des 24-jährigen, erlauchten Prinzen empor, dessen Weisheit, Geschick, Umsicht, Tapferkeit und ritterlicher Edelmut seinem Namen für ewige Zeiten in den Annalen der Weltgeschichte und insbesondere in die Seekriegsgeschichte unvergänglichen Ruhm sichern, – der Sieger von Lepanto: Don Juan de Austria."[10]

Vielerorts folgte damals eine Reihe von Siegesfeiern, es begann ein Pläne schmieden und Projekte entwerfen, ja der Papst und Don Juan de Austria träumten sogar in alter Kreuzzugsromantik von der Eroberung Konstantinopels und der Befreiung des Heiligen Landes. „Es war uns allen wie ein Traum", schrieb Luis de Alzamara aus Madrid an Don Juan de Austria am 11. November 1571, „wir glaubten das unmittelbare Eingreifen Gottes zu erkennen. Die ganze Nacht hindurch waren Straßen und Häuser Madrids erleuchtet. Es ist, als sähen wir Konstantinopel und die heiligen Stätten Jerusalems bereits durch Euch erobert; denn das wird doch, wie ich hoffe, die Folge des Sieges sein."[11]

Aber König Philipp II. sah realistischer, dass Lepanto bloß ein Seesieg war und das türkische Reich, weit ins Festland hineinragend, nicht mit einem Sieg im Mittelmeer zu überwinden war. Don Juans Bote, Lope de Figueroa, erreichte wegen seiner sich bei Lepanto zugezogenen Verwundung Madrid erst am 22. November; er berichtete Don Juan über seinen dortigen Empfang: „Der König hat mich gnädig empfangen und mit Fragen überschüttet; über alle Einzelheiten verlangt er den umständlichsten Bericht und meint im Frühjahr müsse der Krieg wieder aufgenommen werden, und werde er, wenn alle Kampflustigen mitgehen sollten, 1000 Galeeren bauen müssen. Jedermann will Weib und Kind verlassen, um unter Euch zu kämpfen. Der Bischof von Cordoba beteuerte, er werde gern sein Bistum hingeben, um Euer Kaplan zu werden. Feste reihen sich an Feste und meine Tafel ist besser besetzt, als unser Schiffskoch sie in der Nacht vor dem Kampfe bestellen konnte."[12]

Mit rauschenden Festlichkeiten feierten die Städte Venedig und Rom den Sieg und ehrten ihre Admiräle wie antike Triumphatoren. Unzählige Lobgesänge wurden in allen Sprachen gedichtet, am meisten aber wurde Don Juan de Austria, „des erhabenen Kaisers Karl V. tapferer Sohn, der siegreiche Verteidiger der christlichen Religion gegen die Ungläubigen", gepriesen. „Die Überlieferung hat allein in lateinischer und griechischer Sprache 99 solcher Poeme, deren Autoren bekannt geblieben sind, ferner zahlreiche anonyme poetische Dichtungen erhalten."[13] In den Liedern der Gondoliere Venedigs wurde Don Juan de Austria zum Sagenhelden.[14] Auch in der Dichtung Englands hinterließ der große Sieg Spuren, wie beispielsweise in Chesterton's Ballade „Lepanto". Mit einem „Gesang von Lepanto" (Canción de Lepanto) feierte der spanische Dichter Fernando de Herrera den Sieg, und Cervantes,

MIGUEL DE CERVANTES (1547–1616)
Der große spanische Schriftsteller war Kampfgefährte von Don Juan de Austria bei Lepanto und verarbeitete die gewaltige Seeschlacht in seinem Werk „Don Quijote".

der Kampfgefährte Don Juan de Austrias, rühmte die Schlacht in seinem Großwerk der spanischen Literatur – im „Don Quijote".

Im Gedenken an den 7. Oktober 1571 und die große Schlacht gegen die Ungläubigen errichtete man vielerorts Gotteshäuser, die der siegreichen Gottesmutter, der „Maria de Victoria", geweiht waren. So gründeten im Zuge der Gegenreformation die Jesuiten in Bayern Marianische Kongregationen, wie beispielsweise 1577 in Ingolstadt. Aus dieser heraus entstand für die Bürger der Stadt 1612 eine eigene „Bruderschaft Unser Lieben Frauen Mariae de Viktoria". In ihrem Oratorium (1617–19 erbaut) befand sich die so genannte Lepanto-Monstranz von 1708. Ihr Fuß wies ursprünglich die Gestalt eines knienden Türken auf. Die noch heute erhaltene Monstranz zeigt im Aufsatz die Seeschlacht bei Lepanto und darüber schwebend Maria, welcher der Erzengel Michael den Siegeslorbeer überreicht.[15]

Aber auch in Chiaia (Neapel) wurde 1572 zum Dank für den Sieg bei Lepanto eine Kirche namens „Santa Maria della Vittoria" mit einem angeschlossenen Karmelitenkloster erbaut. Giovanna, die Tochter Don Juan de Austrias, erneuerte 1628 den gesamten Komplex und übergab ihn zusammen mit einem Pflegeheim den Theatinern.[16] Und Philipp II. stiftete zum Dank in der Kathedrale von Toledo für den Tag des Sieges bei Lepanto ein Anniversarium, wohingegen Papst Gregor XIII., der Nachfolger des 1712 heilig gesprochenen Pius V., den Tag des Sieges als Rosenkranzfest festlegte.

Papst Pius V. hatte zur Unterstützung der christlichen Flotte in ihrem Kampf gegen die Ungläubigen in allen Kirchen das Beten des Rosenkranzes angeregt. Das Rosenkranzgebet war allerdings bereits nach 1450 entstanden und die Dominikaner in Köln hatten 1475 Maria zur Königin des Rosenkranzes erklärt. Starke Verbreitung im Katholizismus bis in unsere Gegenwart fand dieses Gebet aber erst nach dem Sieg bei Lepanto 1571. In der Stunde der höchsten Bedrohung der USA wurde nach dem Terroranschlag am 11. September 2001 in New York des Sieges über den Islam bei Lepanto gedacht und zum Beten des Rosenkranzes aufgerufen. Damals hieß es: „As a member of the Catholic Leadership Conference of the United States, I invite you all, and your friends, to join us in saying one Rosary for this Lepanto Moment." (Als Mitglied der Leitenden Katholischen Konferenz der Vereinigten Staaten lade ich Sie alle samt ihren Freunden dazu ein, in diesem „Lepanto Moment" mit uns gemeinsam einen Rosenkranz zu beten).[17]

Ebenso wie die Dichter wetteiferten Maler und Bildhauer in der Verherrlichung des Sieges und der Sieger. Bereits 1572 errichtete man in Messina Don Juan de Austria zu Ehren ein kolossales Bronzestandbild – ein Werk des berühmten Bildhauers Andrea Calamech –, dessen Kopie seit 1978 auf dem Zieroldsplatz zu Regensburg zu bewundern ist. In Regensburg, der Geburtsstadt Don Juans, hieß es noch 400 Jahre später deshalb euphorisch: „Der Held von Lepanto kehrt heim."[18] Desgleichen wurde 1595 auf dem Capitol zu Rom eine Marmorstatue für den Admiral des Papstes Marc Antonio Colonna aufgestellt. Den alten Haudegen Veniero wählte man sogar noch mehrere Jahre nach Lepanto zum Dogen von Venedig. Für den Dogenpalast fertigte Tintoretto ein großes Wandgemälde von der Seeschlacht an, das die Einnahme des türkischen Flaggschiffes darstellt und den christlichen Generalissimus sowie seine Admirale trefflich porträtiert. Das im Kampf erbeutete Heilige Banner aus Mekka, das 28 900 Mal den Namen Gottes sowie die Namen Mohammeds und der fünf weiteren Hauptgründer und Gesetzgeber des Islam enthielt, war dem spanischen König überbracht und im Escorial aufbewahrt worden, bis das Feuer von 1671 die kostbare Trophäe vernichtete.[19] Später malte der greise Tizian für Philipp II. ein gewaltiges Ölgemälde, das den Seesieg und Spaniens Monarchen verherrlichte und heutzutage im Prado zu sehen ist.

Auch Münzen wurden zum Gedenken an den Sieg der Christen über die Ungläubigen geschlagen, welche uns heute noch die Porträts der Beteiligten überliefern. An den Sieger von Lepanto erinnerte selbst noch Jahrhunderte später ein

Kriegsschiff der spanischen Marine, das den Namen Don Juan de Austria führte, 1887 in Cartagena vom Stapel lief und 1898 im spanisch-amerikanischen Krieg um die Philippinen in der Bucht von Manila sank. Von den Amerikanern wieder gehoben, stand es in der US-Navy noch bis 1919 in Diensten. Auch die österreichisch-ungarische Marine besaß im letzten Drittel des 19. Jahrhunderts ein Kriegsschiff, benannt nach dem Habsburger Seehelden Don Juan de Austria.[20] Allerdings erfuhr dieser nicht nur martialische Ehrungen in späteren Jahrhunderten: So kann in Regensburg sein Name buchstäblich in aller Munde geführt werden, denn eine köstliche Pralinenkreation ist ihm hier gewidmet.

Der Traum von einer Krone

Die anfängliche Begeisterung für den erfolgreichen Don Juan – „Ich kann nicht in Worte fassen, welche Freude ich verspürte, als ich Einzelheiten von Ihrer Haltung in der Schlacht erfuhr. Ich bin glücklich, dass dieser Sieg einem vorbehalten blieb, der mir so nahe steht und mir so lieb ist" – zügelte der König bald und schrieb dem Halbbruder maßvoll beglückwünschend: „Nächst Gott gebührt Euch mein Dank für das Geschehene; dem von Euch gegebenen Beispiel schuldet man wesentlich den Sieg." Sodann fuhr Philipp II. bereits wenig entgegenkommend fort: „Was Eure Rückkehr (nach Spanien) für den Winter anbetrifft, so habe ich bereits Befehl gegeben, in Messina zu überwintern. So sehr ich mich Eures Kommens freuen würde, so erheischen doch die neuen Rüstungen Eure Gegenwart in Sizilien. Was Ihr von wichtigen Mitteilungen sagt, die Ihr mir zu eröffnen habt, so können diese auch schriftlich oder durch Zwischenträger erfolgen."[21]

Dermaßen abgefertigt wurde der Held der Christenheit von seinem spröden König. Er verwehrte dem Siegreichen die Heimkehr, um nicht etwaigen größeren Gnadenerweisen und Ansprüchen des illegitimen Kaisersohnes ausgesetzt zu sein und dessen glorreiche Dienste mit konkreten Taten würdigen zu müssen. Denn der kaiserliche Bastard wünschte sich seit langem sehnlichst, als spanischer Infant anerkannt zu werden und offiziell den Titel „Königliche Hoheit" führen zu dürfen.

Inzwischen wartete Don Juan in Messina voller Ungeduld auf weitere ruhmversprechende Aufträge. Als Wochen und Monate aber tatenlos vergingen, bemerkte er, dass ihm allmählich die Früchte seines großen Erfolges davonschwammen. Zwar hatte Papst Pius V. vor der großen Schlacht dem Sieger ein Königreich versprochen, und auch dessen Nachfolger Papst Gregor XIII. wollte diese Zusage erfüllen, jedoch die Zeiten änderten sich zu Ungunsten Don Juans. Zwar boten ihm Albaner und Griechen die Kronen jener von den Türken eroberten Länder an und Don Juan sah sich seinem Ziel schon näher gerückt, aber König Philipp II. versagte die Zustimmung. Er empfahl seinem Halbbruder „die Gesandten hinzuhalten", da ihr Antrag ungelegen komme und die Venezianer, die früher die Herren in Morea waren, womöglich irritieren könnte.[22]

Im Sommer und Herbst des Jahres 1572 waren die Verbündeten nochmals bis an die klippenreiche Westküste Moreas (Peleponnes) ausgefahren, mussten aber diese Kampagne ohne Erfolg abbrechen. Sie hatten mit einem hilfreichen Aufstand der griechischen Bevölkerung gerechnet, doch die verhielt sich ruhig. Auch die türkische Flotte hatte sich nicht zum Kampf gestellt und war in den schützenden Hafen von Modon geflohen. Offenbar meinten manche, dass man Uluch Ali hätte nachsetzen sollen, aber Don Juan de Austria ging stattdessen im Hafen von Puertolongo vor Anker. Später sollte Cervantes darüber schreiben, dass die Osmanen schon zur Flucht von ihren Galeeren bereit waren: „Sie hielten ihr Gepäck und ihre Passamaquis, das heißt ihre Schuhe schon in Bereitschaft, um sofort zu Lande zu entfliehen, ohne sich in einen Kampf einzulassen."[23] Eine letzte Chance war vertan; die Ligaflotte war nach Korfu zurückgekehrt und hatte sich dort am 18. Oktober 1572 getrennt.

Nochmals hielt Don Juan de Austria im Oktober 1572 feierlichen Einzug in Messina, aber der so genannte „Verrat"

Venedigs, der einseitige Friedensvertrag mit den Türken, vom 7. März 1573 besiegelte das Ende der Heiligen Liga. Trotzdem korrespondierte Don Juan de Austria mit dem Erzbischof und den Christen in Morea noch 1574 und versicherte ihnen, dass er kein höheres Ziele kenne, als sie vom türkischen Joch zu befreien. „Betet zum Herrn", empfahl er ihnen abschließend, „und er wird euch nicht verlassen!"[24]

Der spanische König war nicht besonders gram über das Auseinanderbrechen des Dreibundes. Denn bereits seit dem Tod Pius' V. am 1. Mai 1572 fühlte sich Philipp II. der Liga nicht mehr so stark verpflichtet, zumal er von Anfang an etwas anderes gewollt hatte und zwar den Angriff auf Algier samt den nordafrikanischen Gebieten. So war schließlich Tunis das nächste Angriffsziel der spanischen Schiffe, da die verfügbaren Kräfte für einen Krieg gegen Algier nicht ausreichten. Wieder kam Hoffnung bei Don Juan de Austria auf, endlich ein Königreich für sich selbst zu erobern. Ohne langes Zögern verließ er am 5. August 1573 Neapel, wo er sich zwischenzeitlich aufgehalten hatte, und erreichte bereits drei Tage später Messina. Seine Kriegsflotte umfasste 104 Galeeren, 44 große Schiffe, 12 Lastschiffe, 25 Fregatten und 22 Feluken. Dazu kamen fast 2000 Fußsoldaten sowie leichte Reiterei, Pioniere und Geschütze. Am Abend des 8. Oktober ankerte die spanische Flotte vor Goletta, dem Hafen von Tunis. Die Festung von Goletta bewachte die Zufahrt nach Tunis (dem antiken Karthago) und war seit Kaiser Karls Zeiten in Händen der Spanier.

Über den Verlauf der folgenden kampflosen Einnahme von Tunis berichtete der Feldherr seinem König: „Gestern morgen, Samstag, den 10. Oktober, kamen noch immer Nachrichten, dass sich die Türken in großer Aufregung befänden und aus der Stadt zurückzögen. In der Überzeugung, dass ein Erfolg von der Schnelligkeit des Handelns abhänge, rückte ich mit den Truppen vor und hinterließ Befehl, dass sich diejenigen, die noch ausgeschifft wurden, bei Goletta sammeln und dann über den See kommen sollten, damit die Mauren sie nicht behindern könnten. Ferner wies ich die Flotte an, sich in der Nähe von Goletta zu postieren, sodass der Feind, wenn er käme, nicht angreifen könne. Das Kommando über die Flotte übergab ich Don Juan de Cardona, weil ich glaubte, Antonio Doria und der Marqués de Santa Cruz könnten bei meiner Expedition von Nutzen sein, was sie auch wirklich gewesen sind.

Ich marschierte bis zur Vesperstunde und schlug, als es Abend wurde, bei dem Dorf Diana, vier Meilen von Tunis entfernt, mein Lager auf. Dann schickte ich Major Don Diego Enriquez und den Gouverneur Andres de Salazar mit zweitausendfünfhundert Mann Fußsoldaten aus der Garnison von Goletta voraus, damit sie, falls sich keine Schwierigkeiten ergäben, die Alcazaba oder Burg besetzten, die Stadt sicherten und mich von der Lage dort unterrichteten. Sie kamen noch vor der Dunkelheit an und fanden den Ort – abgesehen von Männern und Frauen, die zu alt waren, um zu fliehen – verlassen vor, und in der Alcazaba trafen sie ungefähr zwei Mauren mit dem Ortsvorsteher an, der sagte, er nehme den Platz König Muley Hamidas ein, aber die Tore für den Marqués und seine Leute öffnen ließ, die ohne Behinderung eindrangen.

Heute morgen ließ ich die Truppen in aller Frühe antreten und marschierte mit ihnen zum Stadttor, wo ich sie mit der Anweisung zurückließ, dass kein Mann die Stadt betreten solle, bevor Befehl gegeben werde. Ich selbst begab mich dann mit geeigneten Leuten in die Stadt und untersuchte sofort den Boden im Hinblick darauf, Befestigungen errichten zu lassen, die eine Verbindung mit Goletta herstellen sollten. Auch ordnete ich an, in der Stadt Quartiere für die Truppen zu schaffen … Der türkische Gouverneur und seine Soldaten, die die Festung hielten, sind, wie ich glaube, nach Kairuan, Biserta und anderen umliegenden Orten gegangen."[25]

Don Juan de Austria festigte in Tunis die Stellung der Spanier, regelte die Verwaltung und setzte als Regenten Muley Mohammed aus der Hafsiden-Dynastie ein. Auch Biserta fiel den Spaniern kampflos in die Hände, sodass Don Juan de Austria bereits Mitte Oktober nach Italien zurückkehren konnte. Nach rauer Überfahrt kam er am 2. November in

Palermo an. Umgehend sandte Don Juan seinen Sekretär nach Rom mit der Bitte, dass der Papst doch Philipp II. dazu bewegen möge, ihm die in Aussicht gestellte Krone von Tunis aufs Haupt zu setzen. Diese geheimen Verhandlungen blieben natürlich in Spanien nicht unentdeckt und sorgten in der Umgebung des Königs und bei diesem selbst für erhebliche Verstimmungen. Als nun der päpstliche Nuntius bei Philipp II. vorstellig wurde und diesen veranlassen wollte, Don Juan zum König von Tunis zu ernennen und im Norden Afrikas ein christliches Reich zu errichten, antwortete der spanische König ausweichend und ging nicht weiter auf den Wunsch Seiner Heiligkeit und dessen Protegé ein. Philipp II. wollte lieber die Talente seines Halbbruders für die Sicherung und Ausdehnung des spanischen Weltreiches nutzen, er sah daher überhaupt keine Notwendigkeit, den begabten Bastard aus seiner Gängelung freizugeben und selbstständig werden zu lassen. Auf der anderen Seite aber wollte Don Juan de Austria unabhängig sein und über ein eigenes Reich gebieten, nicht nur Ruhm ernten, sondern auch eine Krone tragen.

Die Hoffnung auf Tunis zerschlug sich aber endgültig, als im folgenden Jahr die Türken Stadt wie Land zurückeroberten und auch Goletta in ihre Hände fiel, ohne dass Don Juan hatte zu Hilfe eilen können. Denn zunächst wurde er nach Genua geschickt; er sollte sich um die Auseinandersetzungen kümmern, die zwischen dem alten und neuen Adel, den reichen Bankiers und Kaufleuten sowie den aufstrebenden Gewerbetreibenden bereits seit 1573 ausgebrochen waren. Philipp II. schlug sich zu dieser Zeit mit einer gigantischen Finanzkrise herum (die schließlich 1575 zum Staatsbankrott in Spanien führte). Daher war es bitter notwendig, die sozialpolitische Krise in Genua, dem wichtigen Finanz- und Börsenplatz und der Drehscheibe für die spanischen Truppenbewegungen von Süden nach Norden, zu befrieden.

Don Juan de Austria, der sofort Richtung Goletta und Tunis hatte ausfahren wollen, landete stattdessen pflichtschuldigst in La Spezia und bezog das schöne, landeinwärts gelegene Schloss von Vigevano. Vom 29. April bis 6. Mai 1574 hielt er sich dort auf, zeigte sich mürrisch und abweisend, genas von einem Fieberanfall und wartete ungeduldig auf die Rückkehr seines Sekretärs mit den Anweisungen aus Madrid. Dieser landete erst am 23. September in Neapel, zu einem Zeitpunkt als Don Juan de Austria die schlechten Nachrichten aus Nordafrika bereits erreicht hatten. „Was wird er mir doch für wundervolle Depeschen bringen, nachdem er fünf Monate weggewesen ist", soll dieser verärgert ausgerufen haben, „er wird mir melden, was bereits geschehen ist, und mir die Mittel zur Verhütung des Unheils vorschreiben, das bereits eingetreten ist."[26]

Am 3. Oktober 1574 berichtete Don Juan sodann dem König: „Goletta und die Festung Tunis sind verloren, wie Eure Majestät dem beiliegenden Bericht entnehmen wird. Kein Kummer kann aufrichtiger sein als der meine, angesichts dessen, dass in so kurzer Zeit ein so großer Verlust geschehen ist. Ich entschloss mich, Juan de Soto zu Eurer Majestät zu schicken, weil ich eine solche Katastrophe befürchtete, wie die Papiere, die er bei sich hatte, zeigen werden; und ich befahl ihm insbesondere, darauf zu dringen, dass für die Sicherheit der beiden Orte gesorgt werde, denn wir waren sehr oft vom Nahen des Feindes benachrichtigt worden; meine Befürchtungen ließen mich sogar alles andere beiseite schieben und hierher eilen, um zu sehen, ob noch irgend etwas gebessert werden könne. Aber es war nichts zu machen; Goletta ging an dem Tag verloren, als ich von Neapel abfuhr, und die Festung Tunis, bevor ich die halbe Flotte hatte in Palermo zusammenziehen können."[27]

Wieder schlug Don Juan vor, nach Madrid zu kommen, um mit dem König persönlich über die Vorkommnisse und die zu langsamen Entscheidungsprozesse der spanischen Vizekönige in Italien – denen er die Schuld an der Niederlage zuwies – zu beraten; wieder lehnte Philipp eine Rückkehr Don Juans ab. Selbst den Papst erfüllte der Verlust von Tunis mit Bestürzung, auch er machte die spanischen Beamten in Italien dafür verantwortlich und meinte: „Wir beschuldigen keinen besonders, sagen aber allgemein, dass Eurer Majestät sehr schlecht gedient wird und wir fürchten, wenn Ihr nicht für Abhilfe sorgt, werden wir trotz unseres Alters noch den Untergang des Christentums miterleben, was Gott verhindern möge."[28]

Mit den Jahren erwies sich jedoch, dass die türkische Flotte ein letztes Mal siegreich heimkam und der Gewinn von Tunis der letzte bemerkenswerte Erfolg der osmanischen Seemacht war.[29] Denn allmählich kehrte Frieden im Mittelmeer ein; Spanien und das Osmanische Reich gaben den Kampf dort auf und wandten sich jeweils anderen Problemen in ihren Riesenreichen zu. Spanien konzentrierte sich in Zukunft mehr auf die unruhigen Niederlande, das sie unterstützende England sowie Portugal und den Atlantik im Westen, die Osmanen dagegen auf die Perser im Osten. 1581 schlossen die bisher im Mittelmeer kriegführenden Länder einen Friedensvertrag.[30]

Wieder sollte sich Don Juan de Austria auf Befehl des Königs nach Norditalien begeben, um den weiterhin streitenden Genueser Parteien nahe zu sein. Dieses Mal aber widersetzte er sich, und reiste Ende des Jahres 1574 nach Spanien, um dort mit seinem Bruder und König persönlich zu sprechen, seine Anliegen voranzutreiben und der inzwischen schon ziemlich umfangreichen missgünstigen Hofpartei den Wind aus den Segeln zu nehmen. Zu Recht vermutete Don Juan, dass die Gruppe um den königlichen Privatsekretär Antonio Pérez ihm die Schuld am Verlust von Goletta und Tunis gab und diesen Vorwurf wollte er in einem persönlichen Gespräch mit dem König aus der Welt räumen.

In Spanien wurde Don Juan freundlich empfangen und verbrachte sechs erfreuliche Monate in seiner Heimat. Im März 1575 sah er seine Ziehmutter Doña Magdalena de Ulloa wieder und kehrte Mitte Juni nach Italien zurück – im Reisegepäck seine Ernennung zum „Vicario General" (verliehen am 15. März 1575). Diese Position hatte zuletzt 1556 Herzog Alba inne; mit ihr verbunden war die Weisungsbefugnis, hauptsächlich in militärischen Dingen, über die Vizekönige von Neapel, Sizilien und über Mailand. Zum spanischen Infanten aber hatte Philipp II. den natürlichen Sohn des Kaisers, seinen Halbbruder, wiederum nicht ernannt.

Sein Haupt zu bekrönen, diesen Wunsch gab Don Juan trotz alledem nicht auf. Weiterhin liefen in dieser Angelegenheit geheime Verhandlungen mit Rom; weiterhin beobachtete der spanische Hof diese Kontakte missmutig bis misstrauisch. Der Held von Lepanto sah in einem Königreich die ihm zustehende Belohnung ob seiner unstreitig bedeutenden Verdienste.

Dazu vertritt allerdings der französische Historiker Braudel die Meinung, dass Don Juan de Austria mehr vom Titel als von der real damit verbundenen Macht angezogen wurde, denn in einem hierarchischen und protokollbewussten Europa träumten alle Prinzen von eigenen Kronen. „Don Juan wegen seiner unehelichen Geburt vom Ehrgeiz zerfressen und auf den minderen Rang einer Exzellenz festgelegt, sollte 1574 von der durch den Tod Karls IX. freigewordenen französischen Krone träumen, und in seinen letzten Jahren in den Niederlanden quält ihn die Sehnsucht nach der englischen Königswürde."[31]

Auf den französischen Thron folgte allerdings der Herzog von Anjou als Heinrich III., der deshalb die Krone Polens niederlegte, die er im Jahr davor erlangt hatte. Wohl dachte Don Juan de Austria nun kurz an den polnischen Thron, unternahm jedoch bis auf einen Briefwechsel in dieser Sache mit Garcia de Toledo nichts Ernsthaftes und so folgte Stephan Bathori Heinrich in Polen nach. Ernsthafter waren dagegen seine Anstrengungen, durch eine Ehe mit Maria Stuart den englischen Thron zu besteigen, wie wir noch sehen werden.

Das ganze Jahr 1575 und bis weit ins folgende Jahr hinein blieb Don Juan de Austria in Italien – teils nahe des brodelnden Genua, teils in Neapel. In seiner neuen erhöhten Position als Generalvikar der spanischen Besitzungen in Italien ließ er mit Nachdruck zu Land und zu Wasser aufrüsten. Allerdings vertrug er sich überhaupt nicht mit Kardinal Granvelles Nachfolger in Neapel. Mit dem neuen Vizekönig, dem Marqués de Mondejar, verband Don Juan seit den Morisken-Kriegen eine zunehmende Feindschaft. Escobedo, der Soto als Don Juans Sekretär abgelöst hatte, und seinen neuen Herrn für Peréz und den König ausspionieren sollte, berichtete: „Don Juan ist jung, aufbrausend, aber ein wahrhaftiger Cavallero und zu allem Guten und Rechten leicht zu lenken (...) Der Marqués von Mondejar, dessen Versöhnung mit Don Juan herbeizuführen ich nichts unversucht gelassen, ist ein Starrkopf, empfindlich, über die Gebühr eitel und stets von der Besorgnis geplagt, dass seine Würde beeinträchtigt werden könne."[32]

Der venezianische Gesandte Lippomano übermittelt uns ein anschauliches Bild von Don Juan de Austria aus jener Zeit: „Don Juan zählt jetzt 30 Jahre, gibt sich aber für jünger aus, weil es ihm schimpflich scheint, dass ein Kaisersohn von 30 Jahren noch kein Reich besitzt.[33] Er ist nicht groß, aber gut gewachsen und von ungewöhnlicher Anmut, das Antlitz schön, das blonde Haar lang und lockig. Aus der Wahl seiner Kleidung spricht Sorgfalt. Im Reiten, Fechten, Turnieren wird er von keinem übertroffen; man sieht ihn wohl 5 bis 6 Stunden beim Ballschlagen, mit einem Eifer, als ob seine Ehre auf dem Spiele stände, der Erste zu bleiben. Es wohnt ihm viel Verstand und Beredsamkeit inne, neben großer Geschäftskunde. Mit Menschen aller Stände weiß er angemessen zu verkehren, Fortifikation und Geschützwesen kennt er gründlich und spricht am liebsten von Unternehmungen und Siegen ... In früher Stunde verlässt er sein Lager, erteilt, nachdem er der Messe beigewohnt, den Offizieren der Flotte oder Männern des Hofes Audienz, schließt sich hierauf mit Escobedo ein, liest mit ihm die eingelaufenen Depeschen, beantwortet dieselben, nimmt Bittschriften zur Hand und trifft Verfügungen. Dann verlässt er das Cabinet, um sich im Vorzimmer mit dem spanischen und neapolitanischen Adel zu unterhalten. Bis zur Tafelstunde, falls der Staatsrat sich nicht versammelt, gibt er jedermann Gehör, und es ist nicht selten, dass er Bittsteller zum zweiten Male vorlässt. Nach der Mittagtafel überlässt er sich entweder körperlichen Übungen, oder beschäftigt sich in seinem Cabinet bis zum Abend mit Schreiben. Der französischen Sprache ist er mächtig, versteht flämisch und deutsch, radebricht italienisch, will aber immer nur als Spanier gelten. Sein Rat in Neapel besteht aus dem Vizekönig, Garcia de Toledo, Doria, dem Herzog von Sesa, dem Marques von Santa Cruz und Don Juan de Cardona. Er erhält 40 000 Dukaten für seine Hofhaltung und alle 2 oder 3 Jahre eine Gratifikation von 80 000 bis 100 000 Dukaten. Aber das reicht bei seiner Freigebigkeit nicht aus. Verteilte er doch auf der Betfahrt nach Loretto nicht weniger als 10 000 Dukaten; hätte er mehr, so würde er seinen Soldaten noch reichlich spenden, denn er lebt der Ansicht, dass sein Kriegsruhm durch Verachtung des Geldes gesteigert werde. Er gab einst öffentlich die Erklärung ab, er würde sich aus dem Fenster stürzen, wenn er einen Menschen wüsste, den mehr als ihn nach Ruhm und Ehre dürste. Wegen dieses Ehrgeizes hat er manchen geheimen Verdruss über die spanische Bedächtigkeit, die, wie er sagt, ihn in seinem Siegeslauf hemme. Weniges genügt ihm nicht; er glaubt wohl ein Königreich verdient zu haben."[34]

Amouren und Folgen

Noch heute wird ein Mann, der die Frauen zu sehr liebt und zahlreiche Affairen unterhält, als „Don Juan" bezeichnet. Allerdings war der historische Don Juan de Austria – wie oftmals vermutet – nicht der Prototyp des großen Frauenverführers, der vor allem durch die Literatur und Oper – beispielsweise durch Mozarts „Don Giovanni" – allgemein bekannt gemacht wurde. Diese Kunstfigur des „Don Juan" bzw. „Don Giovanni" ist also nicht identisch mit der strahlenden Erscheinung des Siegers von Lepanto.

Gleichwohl zeigte sich Don Juan de Austria weiblichen Reizen gegenüber durchaus empfänglich. „Es mag sein, dass Don Juan schönen Frauen sehr ergeben ist; doch hat er nie Veranlassung zu ärgerlichen Gerüchten gegeben, noch ein Adelshaus Neapels in einem seiner Glieder gekränkt; eben so wenig huldigt er der Liebe auf Kosten seiner dienstlichen

Geschäfte", schrieb 1575 der gut unterrichtete venezianische Gesandte Lippomano über das Liebesleben des illegitimen Kaisersohnes.[35] Und Don Juans Sekretär Escobedo informierte den König im fernen Spanien zu diesem Punkte: „Ich will nichts von seinen Liebschaften sagen, die in solchem Lebensalter auch wohl den Klügsten aus den Angeln heben; aber auch in ihnen geht er nicht über gewisse Schranken hinaus, und es bedarf nichts als einer kurzen Abwesenheit von hier, um seine Glut erheblich abzukühlen."[36]

Die große Liebe seines Lebens war Maria de Mendoza, die Don Juan zwischen 1566 und 1568 kennen lernte.[37] Sie trafen höchstwahrscheinlich im Hause der Prinzessin Eboli zusammen, welche die Verbindung ihrer entfernten Verwandten mit dem kaiserlichen Spross gerne förderte. Der verliebte Don Juan wünschte die junge Dame aus hohem Adel, deren Familie in Andalusien begütert war, zu heiraten, auch um zu zeigen, dass diese Liaison keine bloße Liebschaft war. Offenbar wurde er von diesem Eheprojekt abgehalten, denn die Verbindung mit dem mächtigen Hause der Mendoza, das mit Ruy Gómez, dem Fürsten von Eboli verschwägert war, erschien vielen – auch dem König – nicht wünschenswert. Einmal könnte aus einer derartigen Heirat eine zu starke Oppositionspartei im eigenen Land erwachsen, zum anderen kam wahrscheinlich damals schon der Plan auf, Don Juan de Austria mit einer Prinzessin königlichen Geblüts zu verheiraten. Die Beziehung zu Maria de Mendoza währte, trotz anderer Amouren, lange Jahre, hielt wohl sogar bis zu seinem Tode. Zumindest weisen Briefe, die Don Juan aus den Niederlanden an Rodrigo de Mendoza schrieb und in denen er an seine „tuerta" Grüße bestellen ließ, nach wohlbegründeter Ansicht der Biografin Fórmica nicht etwa – wie bisher vermutet – auf die sehbehinderte Prinzessin Eboli hin, sondern auf die von Sehnsuchtstränen „blinde" Maria de Mendoza.[38]

Rodrigo de Mendoza, der zweite Sohn von Diego Hurtado de Mendoza, Graf von Soldaña, war nicht nur Don Juans bester Freund, sondern auch ein naher Verwandter der geliebten Maria de Mendoza. Aus den Niederlanden schrieb ihr Don

Juan mehrere Botschaften, die er von Rodrigo übermitteln ließ. Eine dieser Liebesgrüße lautete in der gewundenen Sprache der damaligen Zeit: „Ich küsse meiner Dame die Hände und versichere Ihr, dass Sie unter denjenigen war, an die ich am häufigsten gedacht und mich liebend erinnert habe, und das wird auch weiterhin so sein, wie ich es auch umgekehrt von Ihr erhoffe. Ich bitte Sie dringlich, mir zu schreiben, wie es Ihr ohne die Anwesenheit Ihres Geliebten ergeht (...) Ich werde Ihr ausführlich mit der nächsten Post schreiben, da ich es momentan aber nicht bewerkstelligen kann, sende ich Ihr Nachrichten von mir auf diesem Wege, und bitte Sie, mir ebenfalls Nachrichten von Ihr zurückzusenden (...) Ich küsse die Hände meiner ‚tuerta', ich sage nicht die Augen, bis ich Ihr selbst schreiben kann, um Sie zu ersuchen, sich Ihres Freundes zu erinnern, der jetzt so gänzlich der Ihre ist, der Ihr in keiner Weise – er hat auch nicht die Absicht dies zu tun – dasjenige vergelten kann, was er Ihr alles verdankt (...)."[39]

In einem späteren Brief von 1577 äußerte sich Don Juan sehr besorgt über den Gesundheitszustand Marias, die nach seiner Abreise aus Spanien in große Melancholie verfiel. Er wünschte ihr Glück und Genesung, denn wenn sie leide, dann sei auch er tief betrübt.[40]

Maria de Mendoza hatte ihrem Geliebten zwischen Juli und Oktober des Jahres 1569 eine Tochter namens Anna (Doña Ana) geboren. Die Niederkunft wurde geheim gehalten und Don Juan übergab das Neugeborene seiner lieben „tia" Magdalena de Ulloa, die sich des kleinen Mädchens annahm. Ana de Jesús, wie sie zunächst genannt wurde, kam mit sechs Jahren ins Kloster „Nuestra Señora de Gracia" zu Madrigal nahe der portugiesischen Grenze und sollte – wohl auf Wunsch des Vaters – auch hinter Klostermauern in aller Stille und Heimlichkeit ihr Leben verbringen. Angeblich erfuhr König Philipp II. erst nach dem Tode seines Halbbruders von dieser Nichte. Auch Ana kannte ihre leiblichen Eltern nicht und galt als Pflegekind der barmherzigen Magdalena de Ulloa. Fünf Jahre nach dem Tode ihres Vaters, 1583, wurde sie offiziell anerkannt und erhielt den Namen Ana de Austria.

Maria de Mendoza, die ihre Tochter nie besuchte, überlebte ihren Geliebten und starb zwischen 1580 bis 1582. Sie war nicht nur schön, sondern auch sehr leidenschaftlich, fast hysterisch, wie der Biograf Ossario meint. Offenbar verstand sie die Beziehung zu Don Juan de Austria als eine Art eheliche Verbindung. Denn sie folgte, während des Krieges gegen die Morisken, dem Kaisersohn in die Alpujarras und nach Granada. Hier soll auch ein Sohn geboren worden sein, der angeblich von den Gütern der Mendozas geraubt wurde. Jedenfalls tauchte Jahre später an der Klosterpforte Doña Anas ein als Pilger verkleideter junger Mann auf, der behauptete ihr Bruder zu sein, dem jedoch niemand Glauben schenkte.

Die verliebte Maria wollte Don Juan selbst noch auf der Kriegsfahrt gegen die Türken begleiten und konnte nur mit äußerster Anstrengung davon abgebracht werden. Nach dem Sieg bei Lepanto sahen sich die Liebenden nur wenige Male in Spanien wieder, allerdings scheint es eine lebhafte Korrespondenz gegeben zu haben.

Ana, ihre schöne, zarte, blonde Tochter, wurde als Sechzehnjährige im Kloster zu Madrigal zunächst Novizin und nahm 1589 – nachdem sich ihr keine andere Möglichkeit zur Existenz bot – den Nonnenschleier.

Im Sommer des Jahres 1595 bildete die damals 25-Jährige den Mittelpunkt eines politischen Komplottes gegen den spanischen König und dessen Herrschaft über Portugal. Doña Ana schloss heimlich einen Ehekontrakt mit dem lange vermissten und vermeintlich wiedergekehrten portugiesischen König Sebastian. Dieser war 1578 in Marokko gefallen, da sein Leichnam aber nie entdeckt worden war, rankten sich um den unglücklichen König zahlreiche Legenden. Gabriel de Espinosa, der Sohn eines Pastetenbäckers, und seine Mitverschworenen machten sich nun dessen verblüffende Ähnlichkeit mit dem verschollenen König zunutze und beanspruchten den portugiesischen Thron. Die Einbindung Doña Anas, der Enkelin Kaiser Karls V., in dieses abenteuerliche Unterfangen sollte wohl einen Hauch von Legitimität und damit mehr Aussicht auf Erfolg verleihen. Allerdings wurde der gesamte Schwindel bald entlarvt und alle Beteiligten erhielten in einem aufsehenerregenden Prozess schwere Haftstrafen. Don Juans Tochter musste fünf lange Jahre Zellenkarzer im Augustinerinnenkloster Nuestra Señora de Gracia bei Avila auf sich nehmen, bis sie von Philipp III. begnadigt und nach Madrigal zurückgeschickt wurde. Nunmehr 32 Jahre alt, stieg sie dort zur Priorin des Klosters auf.

Mercedes Fórmica, die kenntnisreiche Biografin der Ana de Austria, erklärt die Naivität, welche die junge Nonne in dieser unglaublichen und lebensgefährlichen Posse offenbart hatte, mit deren Sehnsucht nach Befreiung aus dem Kloster, nach Liebe und Anerkennung. Letztere erhielt sie unter der Regierung Philipps III., des neuen Königs, ihrem Vetter. Dieser knüpfte zu seiner Base freundschaftliche Bande und machte sie 1611 im königlichen Kloster Las Huelgas zu Burgos zur Äbtissin auf Lebenszeit. In seinen Briefen an Magdalena de Ulloa hatte Don Juan seine Tochter von Anfang an „Señora Abadesa“, Frau Äbtissin, genannt.

Nun wandte sich Anas Leben doch noch ins Angenehme. Jetzt konnte sie in Ruhe ihres berühmten Vaters gedenken, Trophäen von seinem großen Sieg sammeln und ihm zu Ehren eine prächtige Kapelle erbauen. Sooft der König in Burgos weilte, unterhielt sie ihn mit Festlichkeiten, Komödienaufführungen, Tanzveranstaltungen und Banketten. Baltasar de Porreño, Kleriker und Schriftsteller, wurde von ihr beauftragt, nicht nur die Lebensgeschichte von Alfonso III., dem Gründer ihres Klosters, niederzuschreiben, sondern auch diejenige ihres Vaters.

Ana knüpfte enge, zumeist briefliche Kontakte zu ihrer Familie, zu ihrer Großmutter Barbara Blomberg, die sie „Agüela“[41] nannte, sowie zu ihrem Onkel Konrad Pyramo, der sie sogar einmal im Sommer 1593 in Madrigal besuchte. Ihre Cousine, eine Tochter aus der Ehe Konrads mit der Baronesse St. Martin, wurde später Novizin in ihrem Kloster. Aber vor allem führte Ana eine liebevolle Korrespondenz mit ihrer jüngeren Halbschwester, die in Italien das Licht der Welt erblickt hatte.

Neapel war zu Zeiten Don Juan de Austrias eine der schönsten Städte Europas und zählte mehr als 300 000 Einwohner. Hier in der Hauptstadt des Königreichs Neapel fand sich die gesamte Aristokratie des Landes ein; 14 Fürsten, 25 Herzöge, 37 Marquis, 54 Grafen, 488 Barone und unzählige Ritter waren damals dort ansässig. „Dieser frivole und ritterliche, kultivierte und rohe, fromme und lasterhafte Adel begrüßte den Helden von Lepanto wie einen Halbgott (...) Voll Bewunderung für ihn äfften ihn die Männer nach; die Damen, in seine elegante Erscheinung verliebt, buhlten um seine Blicke, um seine galanten Werbungen als um übernatürliche Ehren; und das Volk, gleichfalls müßig und von solcher Anmut und Eleganz hingerissen, besang seine Taten und Triumphe, folgte ihm überall hin und applaudierte ihm mit Begeisterung bei den Reiterspielen, beim Ballspiele, bei Maskeraden, Turnieren und Stiergefechten ob seiner Geschicklichkeit und seines tadellosen Mutes", so beschreibt Coloma die neapolitianische Atmosphäre jener Zeit.[42]

In der versammelten Adelsgesellschaft befand sich auch der verarmte Kavalier Antonio Falangola aus Sorrent mit seiner Gattin Lucrezia Brancia und ihrer gemeinsamen Tochter, welche als die schönste Dame Neapels galt. Falangola wünschte nun aus der blendenden Erscheinung Dianas Kapital zu schlagen und trat überall mit großem Gepränge auf. Bei einem Stierkampf wurde Don Juan de Austria auf sie aufmerksam und verehrte ihr huldigend die mit Blumen und Bändern verzierte „Garrocha", welche er geschickt dem Stiernacken entrissen hatte. Auf Veranlassung Don Juans ernannte Vizekönig Granvelle den Vater der Geliebten zum Gouverneur von Pozzuoli, wohin sich dieser auch bald begab – Gemahlin und Tochter in Neapel zurücklassend.

Die amouröse Beziehung dauerte nur wenige Monate, vom Herbst 1572 bis zum Frühling des folgenden Jahres. Schließlich kam am 11. September 1573 Diana Falangola mit einer Tochter nieder, die den Namen Juana erhielt und in Italien Giovanna d'Austria genannt wurde. Auch diese uneheliche Tochter hielt Don Juan de Austria geheim und ließ sie seiner

ANTOINE PERRENOT DE GRANVELLE (1517–1586)
Kardinal Granvelle (Granvela) diente König Philipp II. als Berater, Minister und Vizekönig von Neapel. (Kupferstich, nach 1561)

Halbschwester Margarete von Parma zur Erziehung übergeben. Diana Falangola ehelichte, wohl auf Vermittlung ihres Exliebhabers, einen Adeligen namens Antonio Stambone, der aber schon 1577 verstarb.[43]

Seit Don Juan de Austria Margarete von Parma erstmals im Februar 1573 in Aquila, ihrem Ruhesitz, besucht hatte, bestand zwischen der viel älteren lebensklugen Schwester und dem jüngeren Bruder ein von großer Sympathie getragenes Vertrauensverhältnis. Eines Tages fragte Margarete Don Juan, ob er denn noch keine Kinder hätte, und als dieser verneinte, meinte die Menschenkennerin: „Sollte Euch einmal eines geboren werden, so vertrauet es mir an."[44] Nur wenige Monate nach diesem Gespräch erreichte die Herzogin folgendes Schreiben: „Durchlauchtigste Frau! Über meine folgende Mitteilung mögen Euere Hoheit lachen; ich will es auch tun, wenngleich beschämt. Vielleicht erinnern sich Eure Hoheit, dass Sie mich unter anderem auch fragten, ob ich Kinder habe und mir zugleich auftrugen, falls ich eines hätte, es E. H. anzuvertrauen. Für die beabsichtigte Wohltat Ihre Hände küssend, verneinte ich die Frage, sagte aber darauf, ich würde das gnädige Anerbieten bald annehmen. Dieses ‚bald' ist nicht mehr ferne, denn in etwa vier Wochen werde ich beschämter Vater sein: ich sage ‚beschämt', denn es ist ungehörig, dass ich Kinder habe (…) Und so bitte ich, E. H. wollen mir die Gnade erweisen, diese lästige Mühe, so weit als möglich geheim zu übernehmen. Ich will dies und alles, was sonst noch erforderlich und klug erscheinen sollte, E. H. überlassen und bitte, sich nicht nur um die Sache anzunehmen, sondern mich von allen Ihren weiteren Verfügungen, die gewiss die besten sein werden, zu verständigen. Sobald es Zeit sein wird, dieses Kind ohne Gefahr für dasselbe E. H. an Ihrem Aufenthaltsorte zu übergeben, wird Sie Kardinal Granvelle verständigen, der sich mir zuliebe und damit die Sache geheim bleibe, bereit erklärt hat, dafür zu sorgen, bis es E. H. übergeben werden kann, wozu er sich mit E. H. ins Einvernehmen setzen wird. Ich bitte E. H. mit ihm in Verbindung zu treten und sich dann als Mutter von Vater und Kind zu betrachten. Die Mutter des Kindes gehört zu den angesehenen, adeligen Damen dieser Stadt und ist eine der schönsten in ganz Italien: in Hinblick auf diese Umstände, zumal auf den des Adels, dürfte diese Ordnungswidrigkeit verzeihlicher erscheinen. Aus Neapel, 18. Juli 1573. Es küsst die Hände E. H. Ihr ganz ergebener Diener und gehorsamster Bruder Don Juan de Austria."[45]

Anfangs November 1573 traf die kleine Juana de Austria mit ihrer Amme und deren Ehemann in Aquila ein und wurde von ihrer Tante in Obhut genommen. Margarete, selbst von unehelicher Geburt, kümmerte sich nach dem Tode Don Juans um die offizielle Anerkennung seiner Töchter Juana (Giovanna) und Ana, von deren Existenz sie später erst erfahren hatte. Die hübsche Juana trat auf Veranlassung ihres königlichen Onkels, Philipp II., ins Kloster Santa Chiara (Santa Clara) zu Neapel ein, in dem sie sich aber wegen ihres aufgeweckten Geistes und ihres lebhaften Temperaments nicht wohl fühlte.

König Philipp III., ihr Cousin, vermittelte schließlich 1603 eine Heirat mit Francesco Branciforte, dem späteren Prinzen von Butera. Ausgestattet mit einer Mitgift von 60000 und einer Jahresrente von 3000 Dukaten lebte Giovanna abwechselnd in Palermo und Militello. Auf Sizilien wurde sie als schöne und gebildete Tochter des Siegers von Lepanto und Enkelin Kaiser Karls V. freudig empfangen. Militello entwickelte sich unter dem Fürstenpaar zu einem Ort höchster Blüte und Kultur. Neben einer berühmten Bibliothek – Giovanna sprach mehrere Sprachen und verfasste auch selbst Bücher – ließ das Herrscherpaar 1605 ein Aquädukt, das Trinkwasser nach Militello beförderte, sowie 1614 ein Benediktinerkloster errichten. Nach dem Tode ihres Gemahls 1622 ging die Herrschaft auf Giuseppe Branciforte, Sohn des Conte di Mazzarino über, da Giovanna keinen überlebenden Sohn hatte.

Ihre Tochter und einzige Enkelin von Don Juan de Austria namens Margarita Branciforte, benannt nach Margarete von Parma, vermählte sich mit Federico Colonna, Herzog von Paliano, dem Konnetabel von Neapel.

Giovanna Branciforte, geborene Juana de Austria, starb am 7. Februar 1630 in Neapel. Sie fand vermutlich nicht an der Seite ihres Gemahls und ihrer drei bereits früh verstorbenen Söhne in der Kirche von San Benedetto zu Militello (bei Catania) ihre letzte Ruhestätte, sondern wurde in einer Kirche zu Neapel beigesetzt, die sie hatte erbauen lassen.[46] In ihrem Testament setzte Juana de Austria ihre Tochter Margarita und ihre Halbschwester Doña Ana als Erbinnen ein.

Damals lebte Ana de Austria noch. Angeblich soll sie ebenfalls 1630 gestorben sein, allerdings wurde ihre prächtige Grabstätte im Kloster Las Huelgas zu Burgos leer aufgefunden. Die mündliche Überlieferung der dortigen Nonnen besagt, dass die „Königliche Äbtissin" eines schönen Tages nach Sevilla reiste und seither verschollen blieb.

Aus der italienischen Linie des Helden von Lepanto ging noch ein Urenkel hervor, Antonio Colonna, der 1620 geboren wurde, aber bereits 1623 verstarb. Seine Mutter Margarita folgte ihrem wohl einzigen Kind 1659, mit 55 Jahren, ins Grab nach; dorthin war ihr Gemahl Federico Colonna bereits 1641 vorangegangen.

Damit erlosch Don Juan de Austrias direkte genealogische Linie. Zwar hatte er neben den beiden bekannten Töchtern auch noch Söhne, aber der vermeintliche Sohn mit Maria de Mendoza fand wohl weit vor dem Erwachsenenalter den Tod und auch der Sohn aus seiner Liaison mit der jungen Zenobia Sarotosia (auch Saratosia und Sarastrosio), über deren Herkunft leider nichts bekannt ist, starb noch in seinem Geburtsjahr 1574. Die Mutter verschwand für immer hinter den Mauern des Klosters Santa Maria Egipciaca.

Noch zwei der Geliebten Don Juan des Austrias wurden uns namentlich überliefert: Doña Ana de Toledo[47], eine verheiratete und höchst eigenwillige Dame der neapolitanischen Gesellschaft, der man politische Ambitionen nachsagte, sowie die schöne Marquise von Havré (Havrech) in den Niederlanden. Beide Affären währten nur kurz und zeitigten keine Nachkommen.

Kapitel 8

„Freiheit, diese ansteckende Krankheit"

Das „englische Unternehmen" und die unruhigen Niederlande

Am 5. März 1576 starb Luis de Requesens, der Generalstatthalter der Niederlande, welcher Herzog Alba in diesem Amt abgelöst hatte. König Philipp II. suchte nach einer geeigneten Persönlichkeit für die Nachfolge und fand sie in seinem Halbbruder Don Juan de Austria. Obwohl Kardinal Granvelle meinte: „Don Juan bin ich nicht abgeneigt, doch ist er meiner Ansicht nach nicht die geeignete Person, denn er denkt mehr an Krieg und Ruhm als an die Wiederherstellung des Friedens."[1] Er empfahl Margarete von Parma oder Elisabeth von Österreich, die Witwe Karls IX. von Frankreich. Philipp II. folgte jedoch dem Vorschlag des Staatsrats zu Brüssel, der die Regierungsgeschäfte offiziell führte, und ernannte Don Juan de Austria. Man hoffte bei Don Juan, dem Kaisersohn, die Begeisterung für die burgundische Tradition wieder zu erwecken und ihn wegen seines jugendlichen Alters auch besser für die niederländische Sache beeinflussen zu können. Der neu ernannte Generalstatthalter befand sich gerade in Mailand, als ihn der Befehl zur sofortigen Abreise in die Niederlande erreichte. Don Juan de Austria zeigte sich aber nicht begeistert von der schwierigen Aufgabe, zumal er sich gerade mit anderen weitreichenderen Plänen beschäftigte.

Die Katholiken von England und Irland hatten sich an den Papst mit der Bitte um Hilfe gegen das anglikanische Königshaus gewandt. Dabei war Don Juan de Austria ins Gespräch gebracht worden, mit dessen militärischem Geschick sie die Befreiung der katholischen Maria Stuart erhofften. Aus Dankbarkeit wollte Maria Stuart, für die Katholiken die rechtmäßige Erbin des englischen Throns, dann ihren Retter heiraten und gemeinsam mit ihm über England, Irland, vielleicht auch Schottland herrschen. Maria Stuart, die sich in der Gewalt der englischen Königin Elisabeth I. befand, unterhielt ein funktionierendes Kommunikationssystem mit dem Papst und der katholischen Welt. Sie hatte einer Eheschließung mit dem Helden von Lepanto sofort zugestimmt, im Falle ihrer Befreiung aus der Gefangenschaft. Escobedo, Don Juans Sekre-

Maria Stuart
Die ehemalige französische und schottische Königin galt der katholischen Welt als einzige legitime Thronerbin Englands. Mit ihrer Befreiung dachte Don Juan de Austria, die englische Königskrone zu erringen. (Nach einem Gemälde von Clonet)

tär, verhandelte bereits in Rom über das so genannte „englische Unternehmen", als die Berufung zum Generalstatthalter der Niederlande eintraf.

Don Juan de Austria ließ sich nicht drängen und reiste erst einmal nach Madrid, um mit seinem Halbbruder über seine Aussichten auf eine englisch-irische – und womöglich noch schottische – Krone zu sprechen. Nun verstand es Philipp II. aber ausgezeichnet, seine Interessen mit denen Don Juans zu verbinden. Er führte ihm vor Augen, dass er zuvor die aufrührerischen Niederlande befrieden müsse, zumal diese mit England in engem Kontakt stünden, ehe er nach dem Inselkönigreich aufbrechen könne. Philipp stellte ihm danach seine volle Unterstützung in Aussicht, ohne jedoch eine eindeutige Zusage zu machen. Er meinte, dass man zunächst gute Beziehungen zu Elisabeth I. von England knüpfen und über Maria Stuart Stillschweigen bewahren sollte. Erst wenn mit den befriedeten Niederlanden ein starker Brückenkopf gebildet sei, könne eine Landung in England ins Auge gefasst werden.

„Die tiefe brüderliche Liebe, die ich Euch entgegenbringe und immer entgegengebracht habe, lässt mich den Erfolg dieses Unternehmens wünschen, denn ich betrachte es, außer als Dienst an Gott, als Mittel, um Euch zu zeigen, wie sehr ich Euch liebe; zum Zeichen dafür versichere ich Euch, dass, wenn bei diesem Unternehmen alles gut geht, es mich freuen wird, Euch dort mit der Königin von Schottland verheiratet zu sehen: eine Heirat, die sie, wie ich glaube, wünscht und die in der Tat dem Mann gebührt, der sie aus so großer Not befreien und ihr ihre Besitzungen zurückgeben wird – und die selbst einem Mann zustände, dessen Fähigkeiten und Tapferkeit nicht schon, wie die Euren, es verdienen."[2] Auch er, Philipp, sähe für Spanien nur Vorteile, wenn Don Juan de Austria in London oder Dublin regierte, versicherte er dem natürlichen Sohn Kaiser Karls V.

Um es vorwegzunehmen: Das so genannte „englische Unternehmen" misslang. Der Papst und die spanische Krone unterstützen die Bestrebungen zur Befreiung Maria Stuarts nur halbherzig. Dem Plan, die englischen Katholiken aufzuwiegeln, Königin Elisabeth I. zu ermorden und Don Juan de Austria als Gemahl der Maria Stuart auf den englischen und irischen Thron zu setzen, war kein Erfolg beschieden.

Anstatt die sehnlichst gewünschte Krone zu erringen, musste Don Juan de Austria nun gegen seinen Wunsch 1576 die Generalstatthalterschaft der Niederlande antreten. Zumal Philipp II. noch versuchte, ihm dieses Amt recht schmackhaft zu machen, indem er schrieb: „Ich würde selbst gehen, wenn meine Anwesenheit hier nicht unerlässlich wäre, um das Geld aufzubringen, das zur Erhaltung aller anderen erforderlich ist. Sonst hätte ich sicherlich mich und mein Leben, wie ich es oft gewünscht habe, einer Sache gewidmet, die so überaus wichtig ist und dem Dienst an Gott so nahe steht. Ich muss mich daher Eurer bedienen, nicht nur wegen der Erfahrung und Kenntnis der Dinge, die Ihr erworben habt … Ich vertraue darauf, mein Bruder, dass Ihr, da Ihr über die Lage in den Niederlanden unterrichtet seid … und da kein anderer zur Verfügung steht …, Eure Kraft und Euer Leben und alles, was Euch teuer ist, einer Sache weihen werdet, die so wichtig ist und so sehr die Ehre Gottes und das Wohl Seiner Religion angeht: denn von ihrer Erhaltung in den Niederlanden hängt ihre Erhaltung in allen übrigen Ländern ab, und da diese in Gefahr sind, sollte man kein Opfer scheuen, um sie zu retten.(…)“[3]

Die niederländischen Provinzen galten im 16. Jahrhundert weitgehend als ein wohlhabendes Land. Seine Tuchwebereien waren in Europa berühmt und die Menschen fortschrittlich gesinnt. Die Bauern waren dort keine Leibeigenen mehr und leisteten keine Frondienste wie in anderen Gebieten des deutschen Reiches. Sie waren freie Pächter und Eigentümer ihres Bodens. Allerdings herrschte in den Niederlanden, damals das städtereichste Gebiet Europas, ein großes Lohn- und Bildungsgefälle zwischen Stadt und Land. Die siebzehn Provinzen unterschieden sich in ihrer Gesellschaftsstrukur und auch in ethnischer Hinsicht erheblich voneinander. Einige – wie Artois, Hennegau, Holland, Flandern und Brabant – zählten zu den reichsten Gebieten Europas, andere Provinzen waren dagegen arm mit elenden Siedlungen in trostlosen Geest- und Moorlandschaften. In einigen Provinzen blühte das Gewerbe, andere waren rein agrarisch orientiert.

Durch die Entdeckung neuer Seerouten hatte der Fernhandel einen gewaltigen Aufschwung genommen und neue Handelsmetropolen hatten sich entwickelt, wie beispielsweise Antwerpen, das bereits an die 100 000 Einwohner zählte. Antwerpen war nach Sevilla der größte Hafen und Handelsplatz der Christenheit. Über alle Unterschiede in Glaubensdingen hinweg machte man hier Geschäfte: Katholiken wie Lutheraner, Wiedertäufer, Calvinisten und Juden. Der neue Reichtum basierte auf dem Geldvermögen, dem Kapital, und nicht mehr auf dem Grundbesitz. Daher galten die Niederlande auch als die wichtigste Quelle der spanisch-königlichen Einkünfte. Sie besaßen jeweils eigene Statthalter, Gesetze, Gebräuche und keine gemeinsame Sprache. Nördlich der Linie von Lüttich über Tournai in die Nähe von Dünkirchen sprachen die Menschen die niederdeutsche Mundart, südlich davon und in der Sprachinsel Brüssel herrschte das Französische vor. Als übergeordnete verbindende Vertretung aller Provinzen fungierten die Generalstände. Über allen aber thronte der Generalstatthalter des spanischen Königs in Brüssel. In dieser Position agierten vor Don Juan de Austria, zumeist glücklos, ab 1556 Philipp II. selbst, danach seine kluge Halbschwester Margarete von Parma, anschließend der „blutige“ Herzog Alba und zuletzt der milde Luis de Requesens, Don Juans ehemaliger Kampfgefährte.

Reformen waren in den Niederlanden allmählich unumgänglich, denn in den Provinzen herrschte eine wachsende Abneigung gegen alles Spanische. Es kam zu Spannungen zwischen dem fernen Landesherrn und dem einheimischen Adel bzw. den Untertanen. Im Norden der Provinzen fand der Calvinismus viele Anhänger, der Süden blieb dagegen katholisch. Anfänglich kämpften Calvinisten und Katholiken vereint um politische Unabhängigkeit von Spanien und religiöse Selbstbestimmung. Das konnte die spanische Krone allerdings nicht zulassen und womöglich auch noch auf die Steuereinnahmen aus den über zweihundert niederländischen Städten verzichten. Diese brachten nämlich siebenmal so viel Geld ein als die Silberbergwerke der spanischen Kolonien in Amerika. Denn Rotterdam und Antwerpen waren damals die Drehscheiben des Handels; etwa 50 Prozent der Welthandelsgüter wurden hier umgeschlagen. Zudem fungierte Antwerpen mit seiner Börse als Zentrum des europäischen Geldmarktes. Mit den reichen Einnahmen aus den Niederlanden finanzierte Philipp II. seine Soldaten und Kriege, sodass die Niederlande auch die „Zitadelle Europas" genannt wurden.

Die Niederländer, allmählich immer ungehaltener über ihre Funktion als spanische Geldesel, rebellierten 1566 in den calvinistischen Gebieten offen. Anlass war die Einführung der Ketzergerichte der spanischen Inquisition. Nun brach ein Proteststurm los, der in den Freiheitskampf der Niederlande mündete und erst achtzig Jahre später mit der Loslösung der nördlichen Provinzen von Spanien sein Ende fand. Der ärmere, katholische Süden verblieb allerdings weiterhin unter der spanischen Herrschaft.

Zur Befriedung des Landes hatte Philipp II. 1567 den „eisernen Herzog" Alba mit einem wohlausgerüsteten Heer von 20 000 Mann in die unruhigen Provinzen abkommandiert. Alba, damals schon 60 Jahre alt und ein erfolgreicher Kriegsmann, galt als streng und unnachgiebig. Er errichtete umgehend eine Schreckensherrschaft mit Sondergerichten, die im Volksmund der „Blutrat" genannt wurden. Zahlreiche Aufständische wurden gefangengesetzt und hingerichtet. Innerhalb von drei Monaten fanden 1800 Menschen den Tod. Insgesamt betrauerten die Niederländer annähernd 10 000 Opfer. Darunter befanden sich auch Graf Lamoral von Egmont, Fürst von Gavre, geboren 1522 auf einem Schloss im Hennegau, Statthalter von Flandern und Artois, sowie Graf Hoorne; beide waren am 5. Juni 1568 in Brüssel hingerichtet worden.

An die Spitze der Aufständischen trat nun Wilhelm von Nassau, Fürst von Oranien. Deutsch von Geburt, erzogen in

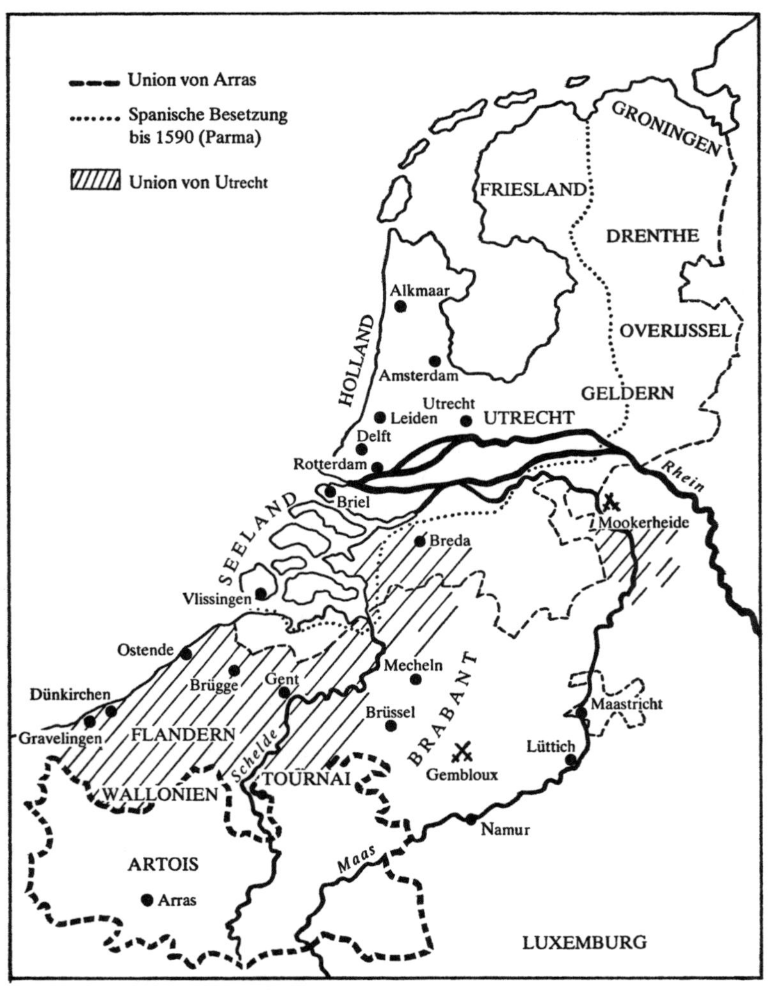

Die spanischen Niederlande im 16. Jahrhundert

Frankreich, und in der Umgebung Kaiser Karls V. gerne gesehen, galt er nicht nur als charmant und zuvorkommend, sondern auch als klug, diplomatisch und ränkesüchtig. Selbst sagenhaft reich – er besaß außer seinem Fürstentum Orange (Oranien) auch ein Viertel der Provinz Brabant, Teile von Luxemburg, Flandern und der Franche Comté, zudem Baronien in Italien und dreihundert kleinere Güter – heiratete er noch eine der reichsten Erbinnen der Zeit, Anna, die kapriziöse Tochter des protestantischen Kurfürsten Moritz von Sachsen.

In offenen Feldschlachten waren die Geusen, wie die Rebellen genannt wurden, den Heeren Albas nicht gewachsen, die Wassergeusen jedoch verübten erfolgreiche Überfälle auf spanische Schiffe und Stützpunkte. Die Lage verschärfte sich, als Herzog Alba, um der drückenden Finanznot des Heeres ein Ende zu setzen, im Frühling 1572 den „Zehnten" einführte. Im folgenden Jahr wurde Alba abberufen, da seine Schreckensherrschaft in Schimpf und Schande endete, mit einem aufständischen Volk und einer leeren Staatskasse sowie einem meuternden Heer ohne Sold.

Im November 1573 kam Don Luis de Requesens als neuer Generalstatthalter nach Brüssel. Er sollte nach dem Willen des Königs den von Alba angerichteten Schaden mildern und den Aufständischen Zugeständnisse machen. Die neue Politik gestaltete sich flexibler: So wurde der „Zehnt" wieder abgeschafft und eine Amnestie beschlossen. Nach nur kurzer Regentschaft verstarb Requesens überraschend am 5. März 1576 in den Niederlanden. Ihm folgte in diesem schwierigen Amt der natürliche Sohn Kaiser Karls V. nach.

Widerstrebend und von unguten Ahnungen gequält, machte sich Don Juan de Austria – verkleidet als maurischer Diener – auf den Weg durch das feindliche Frankreich in die spanischen Niederlande, um sich einer Aufgabe zu stellen, die so gut wie unlösbar erschien. Kurz vor dem Aufbruch schrieb er seinem verehrten Freund Garcia de Toledo klarsichtig: „Nächst Gott wird mir die Verkleidung am meisten Schutz gewähren. Ich kenne die meiner wartenden Mühen und Gefahren, unterziehe mich ihnen aber willig. Die Niederlande gleichen einer halben Leiche, und meine Aufgabe fällt in eine Zeit, in der man dem letzten Atemzuge derselben entgegensieht."[4]

Bevor der neue Generalstatthalter aber in den Niederlanden offiziell einziehen konnte, musste noch ein anderes leidiges Problem gelöst werden, nämlich die Umsiedlung der widerspenstigen Barbara Blomberg, seiner leiblichen Mutter, von Brüssel nach Spanien.

Die unbequeme Mutter[5]

Barbara Plumberger, später genannt Blomberg, hatte auf Wunsch und Vermittlung ihres kaiserlichen Liebhabers geheiratet. Während der Zeit ihrer Ehe (um 1551 bis 1569) mit Hieronymus Kegel verschwieg man Barbaras Vergangenheit. Denn die ehrsame Ehe- und Hausfrau Barbara Kegel konnte nicht offiziell als ehemalige Geliebte Kaiser Karls V. (1500–1558) und als Mutter des königlichen Halbbruders Don Juan de Austria anerkannt werden. Man hatte sie schließlich, nach Ansicht des spanischen Hofes, nur mit einem eher untergeordneten Beamten verehelicht. Ort und Datum der Eheschließung wurden uns aber bedauerlicherweise nicht überliefert. Wir wissen nur, dass Barbara mit Kegel 1551 nach Brüssel zog, da ihr Ehemann hier als Musterungs- bzw. Kriegskommissär tätig war. Hieronymus Kegel musste im Auftrag der Krone mit den Obristen über Finanzierung und Aufstellung der Söldnerheere Abmachungen treffen. Er verstand sich offenbar gut mit den deutschen Söldnern und wusste zum Vorteil des kaiserlichen und später spanischen Hofes zu verhandeln. Hieronymus Kegels Familie stammte aus Kärnten. Sein Vater war, ob seiner Verdienste, 1536 in den Ritterstand erhoben worden. Deshalb bezeichnen manche Historiker Barbaras Gatten als einen „Mann von Stand am kaiserlichen Hof" zu Brüssel. Kegel übte eine gut bezahlte Tätigkeit als Beamter der kaiserlich-königlichen Brüsseler Heeresverwaltung aus und konnte seine Ehefrau Barbara sowie die gemeinsamen ehelichen Kinder angemessen versorgen.

Nach dem Tod des Hieronymus Kegel 1569 trat die spanische Krone dem Gedanken näher, seiner Witwe Barbara eine dem hohen Rang ihres unehelichen Sohnes Don Juan de Austria entsprechende Stellung einzuräumen. Daher schrieb Herzog Alba, der damalige Generalstatthalter der Niederlande, nach Spanien: „Ich habe zu ihr geschickt, um mich nach ihr zu erkundigen und ihr raten zu lassen, nicht über sich zu verfügen, ohne es mich vorher wissen zu lassen … Da sie nun die Mutter des Señor Don Juan ist, und die Sache allgemein bekannt ist, so geht es sicherlich nicht an, sie in diesen Verhältnissen zu belassen ohne eine Kundgebung, die bei Lebzeiten ihres Gemahles nicht möglich gewesen wäre."[6] Auch König Philipp II. kam nach eingehender Lektüre aller Berichte seiner Beamten und Spitzel über die Witwe Barbara Kegel ebenfalls zum Schluss, dass für eine standesgemäße Lebensführung der mittellosen und alleinstehenden Frau gesorgt werden müsse.

Nun begann allerdings ein jahrelanges Tauziehen zwischen Barbara Blomberg, wie sie sich jetzt nannte, und den spanischen Beamten. Vor allem über die Ausgestaltung der so genannten „standesgemäßen Lebensführung" der ehemaligen Kaisergeliebten und leiblichen Mutter einer dem spanischen Königshause angehörigen, hochstehenden und überaus bekannten Persönlichkeit in ganz Europa bestand keine Einmütigkeit bei den Beteiligten.

Nach einem erzwungenen Zwischenaufenthalt in Gent richtete Barbara Blomberg 1571 schließlich ihren Haushalt wieder in Brüssel ein. König Philipp II. genehmigte ihr zum Unterhalt an die 5000 Gulden jährlich, zudem bekam Barbara Blomberg noch eine jährliche Witwenpension von 100 Gulden und eine eigene Jahresrente von 1000 Gulden ausbezahlt. Davon unterhielt sie ihre Wohnung sowie das Personal, bestehend aus drei Ehrendamen, zwei Kammerfrauen, zwei Hausmädchen, einem Haushofmeister und einem Diener, zwei

Pagen, einem Kaplan, einem Koch, einem Reitknecht, einem Zahlmeister sowie einem Keller- und Küchenmeister. Weitere Ausgaben umfassten Garderobe und Verpflegung sowie den Unterhalt von 400 Gulden pro Jahr für ihren inzwischen studierenden ehelichen Sohn Konrad.

Barbara und Hieronymus Kegel hatten zusammen drei Kinder, zwei Söhne und eine Tochter. Barbaras jüngerer Sohn, dessen Name uns nicht überliefert wurde, fiel um den 20. Juni 1569, etwa eine Woche nach dem Ableben ihres Gatten, in einen Brunnen und ertrank. Von Barbaras Tochter, die Karoline bzw. Carlina hieß, erfahren wir aus den bekannten Quellen nichts Näheres. Wir wissen nur, dass sie bei ihrer Mutter Barbara blieb und diese später auch nach Spanien begleitete, um dort mit ihr in einem Hausstand zu leben. Sie starb vor ihrer Mutter, Mitte der 1590er Jahre.

Das Leben von Barbaras älterem legitimen Sohn dagegen, von Konrad Kegel, genannt Conrad Pyramus, können wir eingehender verfolgen. Übereinstimmend wurde er als ein sympathischer junger Mann mit vorteilhaftem Äußeren, einem lebhaften Geist und überdurchschnittlicher Intelligenz beschrieben, der zudem noch mehrere Sprachen beherrschte und viel Geschick bei körperlichen Übungen zeigte. Er verstand mit Grazie zu tanzen und besaß eine Neigung für das Kriegshandwerk. Dieser Neigung durfte Conrad Pyramus aber zunächst nicht nachgeben. Denn über seine Ausbildung verfügte nach dem Tod des Vaters sein Halbbruder Don Juan de Austria, der Conrad für den geistlichen Beruf bestimmte. Nach Don Juans Tod entsagte Conrad Pyramus sofort der Theologie und verlangte, das Waffenhandwerk wie sein Vater und sein berühmter Halbbruder ergreifen zu dürfen. Angeblich ertrotzte er die königliche Einwilligung dadurch, dass er sich mit einer Baronesse von Saint-Martin aus dem Hennegau vermählte. Schließlich ernannte man ihn zum Obersten eines oberdeutschen Regiments. Konrad Kegel, genannt Pyramus (oder auch Conrad Pyramo), starb erst 35-jährig im Jahre 1591 und hinterließ eine völlig mittellose Witwe samt drei Kindern.

Aber zurück nach Brüssel zur Witwe Barbara Blomberg, die

inzwischen die anerkannte Stellung einer ehemaligen Kaisergeliebten und Mutter eines kaiserlichen Bastards inne hatte. Diese Tatsache lockte nun einige heiratswillige Bewerber an. Da aber offensichtlich große Angst am spanischen Hof vor einer Wiederverheiratung Barbaras herrschte, eventuell mit einem nicht standesgemäßen Mann oder – fast noch schlimmer – mit einem Adeligen, der diese Ehe und damit die Nähe zum spanischen Königshaus politisch nutzen wollte, trat man dem Gedanken näher, Barbara der Öffentlichkeit zu entziehen. Herzog Alba ließ ihr daher nahe legen, sich standesgemäß in ein spanisches Kloster zurückzuziehen. Aber keiner der spanischen Herren hatte in dieser Angelegenheit mit Barbaras erbittertem Widerstand gerechnet. Sie weigerte sich, nach Spanien überzusiedeln, weil sie zu Recht vermutete, dass damit ihr bislang einigermaßen selbst bestimmtes, freizügiges Leben gegen gesellschaftliche Isolation und Bevormundung eingetauscht werden würde.

In der Folgezeit kämpften beide Seiten mit immer härteren Bandagen. Die in ihrer Diplomatie gescheiterten spanischen Beamten meldeten dem König, dass die Heldenmutter der Vergnügungs- wie Verschwendungssucht verfallen und eine mannstolle Lebedame sei. Den spanischen Herren der höheren Gesellschaft war der offen bekundete Wille einer Frau nur sehr schwer erträglich. Dass eine Frau es überhaupt wagte, ihr Leben selbst zu gestalten, war für die damalige Adelsgesellschaft etwas Unerhörtes. Denn die Mentalität des spanischen Mannes basierte im 16. Jahrhundert auf zwei Werten, auf dem katholischen Glauben und der eigenen Ehre. Wenn auch die Religion oftmals zur Formsache verkümmerte – nicht so allerdings bei Don Juan de Austria –, so erlebte doch die unantastbare Ehre (la honra) zu jener Zeit eine besondere Ausprägung. Ehre hing eng mit Heldentum und Ruhm zusammen, so galt der Sieg von Lepanto als eine der wichtigsten Heldentaten in der spanischen Geschichte. Die Ehre eines Edelmannes und ganz besonders eines Helden wurde vom persönlichen und gesellschaftlichen Wert bestimmt. Deshalb war auch niemand alleiniger Herr seiner Ehre, vielmehr konnten andere diese Ehre beflecken und ihr den Glanz nehmen. Durch das freizügige und unabhängige Leben der Barbara Blomberg sah man nun die Ehre ihres Heldensohnes in Gefahr und damit auch seine Glaubwürdigkeit, seinen Einfluss und seine Karriere.

Don Juan de Austria fühlte sich ganz als Spanier, dies hatte sicherlich dementsprechende Auswirkungen auf seine Erwartungen, die er an seine leibliche Mutter stellte. Denn die Frauen, vor allem die Witwen, lebten in Spanien völlig anders. Sie verbrachten ihr Leben zurückgezogen im Haus, beschäftigten sich mit feinen Handarbeiten und religiösen Übungen. Im Vergleich zu diesen strengen spanischen Moralvorstellungen und gesellschaftlich einengenden Konventinen musste jede wie auch immer geartete Lebensführung einer unabhängigen Frau zu einem Skandal werden. Don Juan de Austria hatte überdies in seiner Pflegemutter Magdalena de Ulloa das Prachtexemplar einer vornehmen Witwe vor Augen: Sie widmete sich ausschließlich barmherzigen Werken und der eigenhändigen Anfertigung seiner Hemden.

So harrte denn die leidige Angelegenheit um die lästige Heldenmutter immer dringlicher einer einvernehmlichen Lösung. Im November 1571 verfügte König Philipp II. mit Don Juans Einverständnis, dass Herzog Alba Barbara Blomberg – und sei es mit Gewalt – auf die Flotte bringen und nach Spanien verfrachten solle. Diese Entführungspläne konnten jedoch nicht mehr durchgeführt werden, da man inzwischen einen öffentlichen Skandal fürchten musste. Die politische Lage hatte sich in den Niederlanden dermaßen zugespitzt, dass man in dieser explosiven Situation darauf bedacht war, doch noch eine einvernehmliche Lösung mit der eigensinnigen Kaisergeliebten und Heldenmutter herbeizuführen. Noch dazu waren angeblich in ihrem Umkreis bereits Parteigänger der niederländischen Sache gesichtet worden. Gemäß der Spitzelberichte verkehrten in Barbara Blombergs Haus neben vielen Spaniern auch eine große Anzahl Engländer. Offenbar galt diesem englischen Kreis die sorgfältige Beobachtung der spanischen Behörden.

Barbara Blomberg wurde eher unfreiwillig in die politischen Kämpfe zwischen Spanien und der niederländischen Opposition, zwischen deren Verbündeten und Gegnern hineingezogen. Manche aus ihrer näheren Umgebung versuchten Barbaras vermeintlich gute Verbindungen zum spanischen Königshaus für ihre speziellen politischen Interessen zu nutzen, wohl nicht immer zum Vorteil Spaniens. Zu allem Unglück verwendeten nicht nur die Neider Don Juans am spanischen Hof den angeblich skandalösen Lebensstil seiner Mutter gegen ihn, sondern auch die niederländische Opposition bemächtigte sich der Mutter-Sohn-Beziehung. Ein Spott- und Schmähgedicht machte in Brüssel die Runde, in dem Don Juan de Austria als Sohn einer Hure verunglimpft wurde.

Nicht zuletzt diese Vorkommnisse ließen in Don Juan den Wunsch reifen, dass seine Mutter schnell den Augen und dem Zugriff der Öffentlichkeit entzogen werden müsse. Er schrieb am 27. Mai 1576 von Neapel aus seinem Sekretär Escobedo, dass Barbara Blomberg sich in einen kleinen Ort zurückziehen möge, „wo sie nur mit wenigen Menschen zusammenzukommen Gelegenheit hätte."[7]

Eine für Don Juan de Austria positive Wendung nahm die Angelegenheit aber erst, als Heldenmutter und Heldensohn gegen Ende des Jahres 1576 zu einer persönlichen Unterredung in Luxemburg zusammentrafen. Der Grund der Zusammenkunft war keine sentimentale Wiedersehensfeier; vielmehr bezweckte Don Juan de Austria, seine Mutter zur Abreise nach Spanien zu bewegen, noch ehe er als neuer Generalstatthalter im Mai 1577 in Brüssel prunkvollen Einzug hielt. Über Verlauf und Dauer des Treffens wissen wir nichts Gesichertes, jedoch kursierten anschließend einige Gerüchte. Angeblich verstanden sich Mutter und Sohn nicht sonderlich. Was auch immer bei diesem denkwürdigen Gespräch vor sich ging, wir können es nur vermuten. Reales Ergebnis war aber, dass sich Barbara Blomberg letztlich fügte: Sie reiste im Frühling 1577 per Schiff nach Spanien und ging im Hafen von Laredo an der Nordwestküste an Land. Als Aufenthaltsort für seine Mutter hatte Don Juan de Austria das Kloster der

Dominikanerinnen „Santa Maria la Real" im kastilischen San Cebrián de Mazote, etwa sieben spanische Meilen (das sind etwas über 70 Kilometer) von Valladolid entfernt, ausgewählt. Jedoch bald nach Don Juans frühem Tod im Oktober 1579 bewilligte König Philipp II. ihren Umzug in das kleine Städtchen Colindres, das an der Mündung des Asón ins Kantabrische Meer liegt. Von dort übersiedelte Barbara Blomberg dann 1584 ins nahe gelegene Dorf Ambrosero.

„Madama Barbara de Blombergh", wie sie in Spanien genannt wurde, bezog und bewirtschaftete in Ambrosero ein Gehöft der befreundeten Adelsfamilie Mazatebe, das aus Hauptgebäuden mit einem Wohnhaus und davor liegenden Dienstgebäuden sowie einem umzäunten Gemüse- und Obstgarten bestand. Direkt an die Wirtschaftsgebäude angebaut waren vier Kleintierställe; Wiesen, Kastanienpflanzungen, Mühlen und Großviehhaltung ermöglichten, neben der jährlichen Rente, die Existenzsicherung. Barbara Blomberg beschäftigte sechs Bedienstete, einen Verwalter und einen Rentmeister. In ihrem Haushalt lebten ihre Tochter Karoline sowie seit 1591 ihre Schwiegertochter Maria, die Witwe ihres Sohnes Konrad Pyramus (Kegel), samt deren drei Kindern. Hier in Ambrosero gelang es Barbara Blomberg, der Kaisergeliebten und Heldenmutter, sich endlich eine ökonomisch gesicherte und gesellschaftlich anerkannte Existenz aufzubauen, nach Jahren der Ungewissheit und totalen Abhängigkeit von den unzuverlässigen Zahlungen der spanischen Krone. Barbara Blomberg starb am 18. Dezember 1597, etwa 70-jährig, auf ihrem Landgut zu Ambrosero; in der Klosterkirche von Montehano liegt sie begraben.

Der neue Generalstatthalter

Don Juan de Austria traf am 3. November 1576 zuerst im noch friedlichen Luxemburg ein, da die Lage in den anderen niederländischen Provinzen sich immer alarmierender gestaltet hatte. Der Opposition im Lande wuchsen beständig neue

Anhänger zu, man musste bereits einen Angriff Englands und Frankreichs befürchten, zudem hatten die spanischen Truppen – da wieder einmal ohne Sold – das Land ziemlich ausgeplündert. Vor allem das Blutbad, das die Soldateska in Antwerpen angerichtet hatte – der so genannte „Spanische Terror" – verhärtete die Fronten.

Bereits vor seinem Amtsantritt hatte der neu berufene Generalstatthalter die Grundlinien seiner Politik dem König mitgeteilt, um die Niederlande wieder zu befrieden und Spanien zu erhalten: „Alle den Gesetzen und Bräuchen der Provinzen widersprechenden Verordnungen, die von den früheren Statthaltern erlassen worden sind und soviel Ärgernis erregen, müssten aufgehoben werden. / Alle nur möglichen Mittel sollten angewandt werden, um die Untertanen Eurer Majestät, die ihre Verfehlungen bereuen, zurückzugewinnen. / Bei den Berufungen in Vertrauensstellungen und in die allgemeine Verwaltung müssten die althergebrachten Bräuche des Landes beachtet werden. / Niemand dürfte bei mir in Dienst gestellt werden, der Ärgernis erregen kann, und es sollten keine ausländischen Juristen, die so unbeliebt sind, beschäftigt werden."[8] Außerdem meinte Don Juan noch, erst wenn England von einer dem spanischen König ergebenen Persönlichkeit regiert werde, dann könnten auch die Niederlande wieder gewonnen werden. Allerdings scheint er mit diesem Programm etwas zu hoch gegriffen zu haben, denn bereits wenige Wochen später, auf seiner Anreise durch Frankreich schrieb er König Philipp II. flehentlich aus Paris: „Ich beschwöre Euere Majestät, ich bitte um der Liebe Gottes willen, helft mir bei dem schweren Anfange, der meiner wartet, und lasst mich nicht auf allzu große Hindernisse stoßen. Es ist nichts zu retten, wenn Geld fehlt und Entschlüsse zu langsam gefasst werden."[9]

Zunächst sollte sich Don Juan abwartend verhalten, so die Anweisung des Königs, und die unter Requesens begonnene Friedenspolitik fortsetzen. Wenige Tage nach dem Blutbad von Antwerpen hatten sich aber die siebzehn niederländischen Provinzen in der Pazifikation von Gent zusammengeschlossen und waren übereingekommen, die Spanier aus dem Lande zu treiben und die Generalstaaten einzuberufen, welche die neue Regierung beschließen sollten.

In Luxemburg empfing Don Juan nun eine Delegation der Staaten und eröffnete damit harte, ermüdende Verhandlungen über die Bedingungen seiner Regierungstätigkeit. Anfang 1577 begab sich Don Juan nach Huy an der Maas, um hier im Schutze des Bischofs von Lüttich die Gespräche fortzusetzen. Hauptsächlich forderte man den gänzlichen Abzug der spanischen Truppen aus den Niederlanden auf dem Landweg und nicht per Schiff, da sich Königin Elisabeth I. über etwaige Truppenbewegungen Spaniens vor ihrer Küste beunruhigt zeigte. Womöglich würden die Soldaten noch zur Befreiung Maria Stuarts eingesetzt, und deshalb ließ die englische Königin nichts unversucht, die vermeintliche Gefahr abzuwenden. Sie kokettierte sogar mit Don Juan de Austria und stellte eine Heirat in Aussicht, falls sich der Kaisersohn bald als alleiniger Herrscher über die Niederlande fest installierte. Don Juan ging auf diese Vorschläge nur vordergründig ein und verlangte galant ein Porträt ihrer Majestät.

Auch die Niederländer versuchte er sich gewogen zu machen, trotz seines Abscheus gegen die lebenslustige und aufmüpfige Gesellschaft. Ein englischer Spion berichtete im Frühjahr 1578 nach London: „Dank seiner Menschlichkeit, macht er auf die Leute einen tiefen Eindruck, und er verändert den Lauf des Krieges, indem er sich beliebt macht und den Hass, den man den Spaniern allgemein entgegenbrachte, versiegen lässt."[10] Don Juan de Austria wusste also den gewinnenden Kaisersohn, den milden Regenten hervorzukehren und nicht den kriegerischen Feldherrn.

Endlich wurde am 17. Februar das so genannte „Ewige Edikt" unterzeichnet, welches unter anderem die Genter Pazifikation bestätigte und den Abzug der Truppen innerhalb von vierzig Tagen auf dem Landweg in Aussicht stellte. Im Gegenzug mussten die Niederlande Geld für diese militärische Operation aufbringen, zumal nicht wenige Veteranen in den Provinzen inzwischen eine Familie gegründet und Landbesitz erworben hatten. Don Juan de Austria glaubte, damit den Frieden und die königlichen Rechte gesichert zu haben, wie seinen Briefen zu entnehmen ist: „Einige Bedingungen dieses Friedens müssen hart klingen, und mir erscheinen sie sehr hart, aber um Glaube und Gehorsam zu retten, als diese und die Staaten selbst schon verloren waren, musste man nachsichtig sein." – Hauptsache ist doch, „der Friede wurde im Namen Seiner Majestät zwischen mir und den Ständen geschlossen, und wenn die Bedingungen nicht so sind, wie man es sich vielleicht gewünscht hat und wie ich sie zu erlangen bemüht war, haben wir doch erreicht, was möglich war, welches das Ziel des Königs ist." Trotz teilweise heftiger Auseinandersetzungen während der Verhandlungen habe man sich nun geeinigt und so habe er erfolgreich erledigt, weshalb er in die Niederlande gekommen war, und aus diesem Grunde wolle er nun auch wieder fortgehen.[11]

Dieser Wunsch nach Abberufung, obwohl häufig geäußert, wurde Don Juan de Austria nicht erfüllt. Zunächst zog er – wie im Edikt vereinbart – am 1. Mai 1577 als Generalstatthalter der Niederlande überaus prunkvoll in Brüssel ein und wurde dort unter großem Beifall offiziell in sein Amt eingeführt. Die spanischen Truppen befanden sich im Abzug nach Italien, und so unternahm der neue Regent erste Schritte, um mit dem grollenden Wilhelm von Oranien zu einer freundschaftlichen Übereinkunft zu gelangen. Denn er wusste genau, dass ohne diesen kein dauerhafter Friede in den Niederlanden zu schließen war.

Die Verhandlungen verliefen den Mai und Juni hindurch höflich, aber ohne greifbares Ergebnis. Allmählich begann sich jedoch die Lage wieder zu verschlechtern, da England und Frankreich sich für die Niederlande zunehmend interessierten und auf die Geschehnisse direkten Einfluss zu nehmen drohten. Der Herzog von Alençon (später von Anjou), Bruder des französischen Königs und der Königin Margarete (Margot) von Navarra, wollte in Flandern Fuß fassen. Deshalb reiste Königin Margarete nach Spa, angeblich um die heilende Wirkung des Wassers zu genießen; in Wirklichkeit aber warb

DER NEUE GENERALSTATTHALTER
Prunkvoller Einzug des Don Juan de Austria in Brüssel am 1. Mai 1577.
(Radierung; Historisches Museum der Stadt Regensburg)

sie beim heimischen Adel und Klerus für ihren Bruder. Don Juan, der wohl von dieser geheimen Gesandtschaft etwas ahnte, hieß die schöne Königin trotzdem in Namur willkommen. Für sie veranstaltete er die üblichen Festivitäten, allerdings mit solch königlicher Prachtentfaltung, dass Margot und ihre Begleitung ihr Erstaunen nicht verbergen konnten.

Die Stimmung in den Provinzen verschlechterte sich unaufhaltsam; Schmähschriften, aufwiegelnde Flugblätter und Verunglimpfungen machten in den Straßen und Häusern des Landes schon seit langem die Runde. Mit Bitterkeit schrieb Don Juan, der dem Treiben hilflos zusehen musste, an den hartnäckig schweigenden König: „Auch wenn ich nicht der Bruder Eurer Majestät wäre, würde ich diese Geringschätzung meiner Person und meiner aufopfernden Hingebung nicht verdienen, nicht dass man, ohne meine Depeschen auch nur einer Antwort zu würdigen, mich rücksichtslos dem Hohn der Welt bloßstellt."[12]

Don Juan war längst davon überzeugt, dass ein neuer Krieg kurz bevor stand. Ohne Anweisungen aus Spanien hatte er die Bewachung der Zitadelle von Namur überrumpelt und die Festung in Besitz genommen. Dieser Handstreich wurde von den Ständen und auch von Philipp II. nicht gebilligt. An seine Schwester Margarete von Parma schrieb Don Juan zu seiner Rechtfertigung: „Aus der Zitadelle von Namur am 8. August 1577, mit einem Regiment meuternder Deutscher vor meinem Tor und einem Volk in Aufruhr – das ist die Lage, in der ich mich befinde."[13]

Wieder kam es zu langwierigen, erfolglosen Verhandlungen. Frustriert und zur Tatenlosigkeit verurteilt, da ohne Geld, ohne Truppen, ohne ein aufmunterndes oder wegweisendes Wort aus Madrid, wurde Don Juan immer niedergedrückter. Fiebrige Krankheiten unterminierten seine Gesundheit, er fühlte sich verlassen und verraten und klagte seinem besten Freund Rodrigo de Mendoza: „Tausend Jahre sind vergangen, seit ich dir geschrieben habe ... so viel ist mir widerfahren, dass es nichts gibt, was ich nicht zu tun gezwungen war; nachdem ich gedrängt wurde, von der Zeit, oft durch Feinde, meist durch die eigenen Freunde und die Unschlüssigkeit des Hofes, oft durch schlechte Gesundheit, die ich auch als passenden Begleiter meiner Sorgen mit mir trage."[14] Und in den Briefen an den königlichen Sekretär Antonio Pérez formulierte Don Juan voller Emotionen, dass sein Leben für ihn begraben sei, seit er das Unternehmen gegen England habe aufgeben müssen. Es sei ihm unmöglich, in dieser Stellung noch länger auszuharren und er werde eines Tages ohne Erlaubnis einfach bei Hofe auftauchen, ganz egal, welche Strafe dann zu erwarten sei. Wörtlich vertraute er dem vermeintlichen Freunde an: „Ich denke am liebsten nur noch an ein Klausnerleben, das doch wenigstens das geistige Ringen nicht als eitel erscheinen lässt; ich bin so wenig für die Niederlande geschaffen, wie diese für mich, und mich treibt es, mit und ohne Recht diese Gegend zu verlassen. Wer mich liebt, muss darauf sinnen, mich vor Ungehorsam und Infamie zu retten, denn hier steht für mich beides, Ehre und Seligkeit, auf dem Spiele."[15] Auch Escobedo, Don Juans Sekretär und Berater, vertraute Antonio Pérez in seiner direkten Art an: „Unser Streben war auf einen Thron gerichtet, und jetzt gleichen wir Kranken, denen der letzte Trost auf Genesung genommen ist."[16] An den königlichen Bruder schrieb Don Juan verzweifelt: „Wenn Gottes Gnade mir nicht beisteht, so weiß ich nicht, was aus mir werden soll. Wollte der Himmel, dass ich ohne Belastung meines Gewissens, ohne Verletzung meiner Pflichten gegen Eure Majestät und ohne knabenhafter Feigheit beschuldigt zu werden, den Kopf an einer Mauer zerschmettern, oder mich in einen Abgrund stürzen könnte!"[17] Um aus erster Hand Philipp II. über die Lage in den Niederlanden berichten zu lassen und diesen zu bewegen, sich eindeutig über die weitere Vorgehensweise zu äußern, entsandte Don Juan schließlich seinen Sekretär Escobedo nach Madrid.

Ein unglaublicher Affront seitens der Aufständischen veranlasste schließlich den Abbruch der Verhandlungen und den Ausbruch des Krieges: Am 7. Dezember 1577 enthoben die Niederländer Don Juan de Austria all seiner Ämter und erklärten ihn zum Staatsfeind. Im Oktober hatten Teile der niederländischen Opposition den kaum zwanzigjährigen Erzherzog Matthias, den Bruder Kaiser Rudolfs II., heimlich herbeigerufen und eigenmächtig zum Generalstatthalter der Niederlande bestellt. Als „Ruward", das heißt zum obersten Beschützer des Landes, wurde Wilhelm von Oranien gewählt, der damit der eigentliche Herr über die Niederlande war.

Beide Seiten rüsteten gewaltig auf. Don Juan de Austria, eher Soldat als Diplomat, fühlte sich von neuem Lebensmut erfüllt. Die Truppen der Aufständischen unter dem Oberbefehl des erfahrenen Antoine de Gognies sammelten sich in Gembloux, während Don Juan bei Marche in Luxemburg seine Soldaten musterte. Nachdem endlich finanzielle Unterstützung aus Madrid gekommen und das Heer aus Italien zurückbeordert war, konnte die spanische Seite 20 000 Infanteristen und an die 2000 Reiter aufbieten; die Niederländer waren ihnen zwar zahlenmäßig leicht überlegen, aber weniger kampferprobt.

Wieder zog Don Juan de Austria mit bewährten Männern in den Krieg; selbst Alexander Farnese, sein Neffe und Kampfgefährte von Lepanto, war herbeigeeilt. Wieder wehte ihnen eine Kreuzesfahne voran mit der Inschrift: „In hoc signo vici Turcos, in hoc signo vincam haereticos" – „In diesem Zeichen besiegte ich die Türken, in diesem Zeichen werde ich die Ketzer besiegen." Ende Januar 1578 kam es zum Kampf bei Gembloux und in einer Stunde und einer halben hatte Don Juan mit seinen Männern einen überwältigenden Sieg errungen. 7000 niederländische Soldaten fanden dabei den Tod oder gerieten in Gefangenschaft, viele von ihnen wurden gehenkt oder ertränkt. Man nutzte den Sieg und eroberte in kurzer Folge Tirlemont, Löwen, Sichem, Maubeuge, Chimay, Nivelles und Philippeville.

Inzwischen wartete Don Juan ungeduldig auf die Rückkehr seines Sekretärs. In jedem Schreiben nach Madrid verlangte er dringend nach immer mehr Geld für die Kriegsführung und nach Escobedo, dem Unentbehrlichen. Da ereilte ihn die Nachricht vom plötzlichen Tod seines Vertrauten. Er war am 31. März 1578 in den Straßen von Madrid nächtens ermordet worden, vermutlich auf Anweisung von Pérez oder gar des Königs. Die anschließende Untersuchung des Falles zog sich elf Jahre lang hin. Dem beschuldigten Pérez gelang die Flucht nach Frankreich. In Abwesenheit wurde der vermeintliche Mörder letztendlich am 20. Oktober 1592 verurteilt und eine Puppe stellvertretend für ihn öffentlich verbrannt.

Diese Escobedo-Pérez-Affaire war einer der größten Skandale in der Regierungszeit Philipps II. Inwieweit er von der geplanten Ermordung Escobedos wusste oder diese gar angeregt hatte, blieb bis heute im Dunkeln. Sicher ist aber, dass Escobedo, der die Wünsche und Ziele seines Herrn immer mit großem Nachdruck und Geschick unterstützt hatte, einer Gruppe von Adeligen am spanischen Hofe im Wege stand. Diese befürchtete den weiteren unaufhaltsamen Aufstieg des kaiserlichen Bastards Don Juan de Austria und dessen zunehmenden Einfluss auf den König sowie Spaniens Politik. Pérez schwärzte ihn daher beim König an, wann immer er konnte. Dabei vertrat er die Interessen der Eboli-Partei, die sich den kriegerischen Projekten Don Juans entgegenstellte, zumal sie – als die so genannte Friedenspartei – andere Pläne in den Niederlanden verfolgte. König Philipp II. beleuchtete einmal mit folgenden Worten die Hintergründe des Mordes: „Es geht da um Dinge, die ernster sind, als dass sie in einem öffentlichen Prozess preisgegeben werden dürften, und um Personen, deren Ansehen und guter Ruf wichtiger sind als die Verurteilung eines Antonio Pérez."[18]

Nun saß Don Juan mitten im Krieg in den Niederlanden, ohne seinen in alle Geheimnisse und Vorgänge eingeweihten Berater. Er erkannte in der schrecklichen Tat, dass diese vor allem gegen ihn gerichtet war, wie er in einem Brief an Philipp II. durchblicken ließ: „Als einer, der soviel Einblick gehabt hat und die Selbstständigkeit kannte, mit welcher Escobedo Eurer Majestät diente, fürchte ich mich sehr vor dem Lager, aus dem der Streich kam. Nach alledem – ich weiß nichts Genaues, noch würde ich, wenn ich es wüsste, mehr sagen als dies – flehe ich Eure Majestät so liebevoll, wie ich kann, an, aus Liebe zu unserem Herrn nicht solch eine Gewalttat an Eurem Hof zuzulassen und dass mir solcher Schimpf angetan wird, wie geschehen, und jede mögliche Sorgfalt darauf zu verwenden, zu erfahren, woher der Streich kam, und mit derjenigen Strenge zu strafen, die er verdient."[19]

Um Don Juan herum breitete sich nur noch Chaos aus: Luxemburg, Namur, Gembloux und einige Garnisonsstädte im südlichen Teil der Niederlande waren in seinen Händen, die größte Anzahl der Provinzen unterstützte allerdings Wilhelm von Oranien. Etwa ein halbes Jahr nach dem Kriegsausbruch herrschten die Protestanten in weiten Teilen des Landes, nur im Süden drangen die Wallonen noch auf eine Einigung mit Don Juan und dem spanischen König.[20]

Don Juan de Austria hatte sich, vom Feind umschlossen, in ein gesichertes Lager bei Bouges in der Nähe von Namur zurückgezogen – deprimiert und ohne Lebensmut, erkrankt an Leib und Seele. Resignierend schrieb er an seinen ehemaligen Kampfgefährten Andrea Doria: „Ihr bringt Euer Leben in Stille zu, während um mich die Welt von Stürmen aufgewühlt wird; Ihr könnt Eurem Gott und der Versöhnung leben und braucht nicht täglich Seele und Ehre auf ein Glücksspiel zu setzten. Ich bin von unzähligen Feinden umgeben, kann mich kaum noch 3 Monate halten, und in Madrid vermag man keinen festen Entschluss zu fassen und will nicht begreifen, dass, wenn die Sache jetzt verloren geht, sie für immer verloren ist. Ich habe mich in dieses Lager werfen müssen, das ich für den Fall der höchsten Not herrichten ließ; 5 Meilen von hier steht zwischen Löwen und Brüssel der Feind, und von der anderen Seite wächst das französische Heer im Hennegau, sodass ich fast eingeschlossen bin und einen Einfall in Burgund nicht abhalten kann. Ich habe wiederholt den König beschworen, mir mindestens bestimmte Befehle zu senden; geschieht es, so werde ich ihnen treu nachkommen, aber ich fürchte, dass es zu spät ist. Gott sei mit uns! Man hat mir die Hände gebunden und es bleibt mir nichts, als meinen Nacken hinzustrecken. Lasst Euch durch meinen Kummer nicht das Herz belasten; aber ich bitte Euch, meiner im Gebet zu gedenken.“[21]

Auf einem Hügel an der Maas bei dem Dorf Bouges, etwa eine Stunde Wegs von Namur entfernt, verbrachte Don Juan de Austria seine letzten Tage, die von schwerem Leiden und Ausweglosigkeit gekennzeichnet waren. Schon die Monate davor hatte den Kaisersohn immer wieder ein Fieber gepackt, das ihn allmählich auszehrte. Am 20. September meldete Don Juan dem König nach Spanien, dass er das Krankenlager hüten muss. Wiederum erbittet er eindeutige Instruktionen für die Fortsetzung des Krieges und meinte abschließend: „Es schmerzt mich, vom Könige, dem ich als Mann und Bruder in Liebe und Treue gedient habe, aufgegeben und in dessen Gnade gesunken zu sein. Ich setze mein Leben gern ein, nur dass ich es in Ehren verlieren möchte."[22]

Notdürftig untergebracht, in einem schnell für ihn hergerichteten ehemaligen Taubenhaus, erkannte der erfahrene Feldherr, der oft dem Tod ins Auge geblickt hatte, das nahe Ende seines eigenen Lebens. Er versammelte alle Obristen um sich und ernannte Alexander Farnese zu seinem Nachfolger als Oberbefehlshaber und Generalstatthalter, bis der spanische König eine endgültige Entscheidung treffen würde. Don Juans Beichtvater schilderte Philipp II. das Sterben seines erst 31 Jahre alten Halbbruders mit diesen Worten: „Schon während seines Aufenthalts im Schlosse zu Namur richtete Don Juan seine Gedanken fortwährend auf eine Aussöhnung mit Gott und betete, dass er als glückliches Werkzeug zur Behauptung des katholischen Glaubens verwendet werden möge. Zwei Tage vor dem Siege bei Gembloux legte er bei mir Generalbeichte ab, empfahl seine Seele dem Herrn und seinem Vater und beauftragte mich, von Euch als Gnade zu erbitten, dass seine Gebeine dereinst neben denen seines Vaters bestattet werden möchten; dadurch fühle er sich für alle seine Dienste reichlich belohnt. Außerdem solle ich Eurer Majestät Verzeihung einholen, dass er sich zur Bestreitung der Kriegskosten mehrfach der ihm nicht zugewiesenen königlichen Gelder bedient habe. Eine ähnliche Beichte wiederholte er am 1. August, als er sich zum Angriffe des Feindes bei Mechelen entschlossen hatte. Bereits am Tage seines Erkrankens gestand er mir, dass er auf keine Genesung rechne. Folgenden Donnerstags (25. September) sprach er gegen mich die Überzeugung aus, dass ihm das Leben nur noch für wenige Tage gefristet sei, und fügte hinzu, dass er, da ihm der Segen nicht beschieden worden, als Geistlicher Gott zu dienen, jetzt wenigstens an nichts Irdisches mehr denken wolle. Er empfehle dem Könige seine arme Dienerschaft, der er verschuldet sei und doch über keinen Maravedi zu verfügen habe. Am folgenden Montag und Dienstag litt er große Schmerzen, lag im Delirium, glaubte sich im Schlachtgedränge, gab das Kommando für die Geschwader und rief Victoria! ‚Wie sollte ich mich nicht', sprach er, ‚nach der Weite des Himmels sehnen, da von der Erde keine Handbreit mir gehört.' In der Nacht auf den Mittwoch empfing er die letzte Ölung, und als ich anderthalb Stunden vor seinem Tode die Frage an ihn richtete, ob er die Messe zu hören begehre, nickte er bejahend mit dem Kopfe und zog, als die an seinem Bette stehenden Kavaliere ihm sagten, dass das Hochheilige emporgehoben werde, die Bedeckung vom Haupte, obgleich sein Auge bereits geschlossen war. Etwa 1 Uhr Nachmittags, am 1. Oktober 1578, entschlummerte er so sanft, wie sich ein Vogel aufschwingt. Der Soldat sagt von ihm, dass er nicht wie ein Mensch, sondern wie ein Engel gestorben sei."[23]

Don Juans Tod kam für viele derart überraschend, dass sogleich das Gerücht kursierte, er sei vergiftet worden. Schon öfter hatte man schließlich versucht, seinem Leben gewaltsam ein Ende zu bereiten, wie der missglückte Angriff des gedungenen Mörders aus England, namens Ratcliff, allen vor Augen geführt hatte. Mord aus politischem Kalkül war zu jener Zeit durchaus ein geläufiges Mittel. Vor allem scheint aus dem Lager um Wilhelm von Oranien der Vorwurf in die Welt gesetzt worden zu sein, dass der spanische König selbst den Mord aus Eifersucht an seinem begabteren Halbbruder befohlen hätte.

Tatsache aber bleibt, dass zu jener Zeit die Pest und der Typhus im Militärlager Don Juans grassierten. Bereits 1200 Soldaten lagen im Lazarett und eine unbekannte Anzahl in privaten Quartieren. Don Juan de Austria hatte einige der Bettlägerigen besucht und sich dabei wohl angesteckt. Johann Baptist von Tassis, der Don Juan nahe stand, hielt in seinen Aufzeichnungen fest, dass dieser an einer „febris acuta ac pestilentialis" gestorben sei und Don Juans erster Biograf bezeichnete als Todesursache das Fleckfieber.[24]

Alexander Farnese, der beständig am Lager des Sterbenden gewacht hatte, ließ den Leichnam seines Onkels von dessen Dienerschaft aus dem Hause schaffen und anschließend wurde der Sarg von den Obersten aller in Don Juans Heer vereinten

Nationen – Spanier, Deutsche, Wallonen, Italiener – nach Namur getragen. Die Truppen folgten im Trauerzug mit florumhüllten Fahnen und Waffen. Am 4. Oktober 1578 setzte man den Leichnam des Generalstatthalters und Oberbefehlshabers mit allen militärischen Ehren vorläufig in der Kathedrale von Namur bei.

Fünf Monate später ließ Philipp II. den einbalsamierten Leichnam seines Halbbruders aus der Gruft nehmen und den in drei Teile zerlegten Körper heimlich durch Frankreich nach Spanien bringen. Nur das Herz des Helden und seine Eingeweide blieben in Namur zurück, jedoch die künstlich wieder zusammengefügte sterbliche Hülle Don Juan de Austrias fand – seinem Wunsch gemäß – am 24. Mai 1579 unter bemerkenswerter Anteilnahme endgültig im Escorial seine letzte Ruhestätte.

Aus dem Leben des Pater Juan Fernandez, der Don Juan de Austria in seiner letzten Stunde beistand, wurde später eine erstaunliche Begebenheit erzählt: Einige Tage nach dem Tode Don Juans erschien dieser dem Pater und klagte: „Pater Juan Fernandez, wie könnt Ihr Eure Freunde vergessen?" Der erschrockene Pater antwortete ihm: „Hoheit, ich habe Sie nicht vergessen, aber was soll ich jetzt noch für Euch tun?" Don Juan antwortete, er bedürfe noch einiger Fürbitten und guter Werke. Der Diener Gottes tat sofort mit großem Eifer das Gewünschte, indem er für ihn Messen opferte sowie Gebete und Bußübungen verrichtete. Und siehe da, einige Tage später erschien ihm Don Juan de Austria wieder, dankte dem Pater und verkündete strahlend vor Herrlichkeit, er werde jetzt direkt in den Himmel gehen.[25]

Nachwort

*I*n Regensburg wurde am 24. Februar 1547 Kaiser Karl V. ein Sohn geboren, der – obwohl unehelich mit der jungen Bürgerstochter Barbara Blomberg gezeugt – zum größten Helden der damaligen westlichen Welt aufstieg. Der erstaunliche Werdegang dieses kaiserlichen Bastards vom unbekannten Knaben Hieronymus (Jerónimo) zum anerkannten Mitglied der königlichen Familie Spaniens mündete in eine ruhmvolle Karriere vom Großadmiral König Philipps II. bis hin zum Generalissimus der „Heiligen Liga" im Kampf gegen das mächtige Osmanische Reich.

Allerdings verlief Don Juan de Austrias Aufstieg nicht ungebremst: Sein größter Wunsch nach einer Königskrone ging nicht in Erfüllung, obwohl er bereits als zukünftiger Gemahl der in England arrettierten schottischen Königin Maria Stuart gehandelt wurde. Letztendlich scheiterte Don Juan de Austria als Generalstatthalter in den um ihre Unabhängigkeit kämpfenden Niederlanden. Er fand einen frühen Tod im Feldlager in der Nähe von Namur – erst 31 Jahre alt. Dazu dichtete Ludwig August Frankl in seinem „Heldenlied" 1846:

„Er fühlt den Tod in seinen Adern toben,
Der Traum, der seinem Herzen Nahrung gab,
Von Schlachten, Kronen ist in Nacht zerstoben –
Farnesen ließ er den Commandostab,
Den Sturm zu ebnen, der sich rings erhoben,
Und ihn geschleudert in ein frühes Grab."

Der glänzende Held von Lepanto scheiterte aber nicht nur an den Aufrührern und Freiheitskämpfern, sondern vor allem auch an einem vorsichtig agierenden König, seinem Halbbruder Philipp II., und seinem politischen Gegenspieler Antonio Pérez, der das höfische Intrigenspiel besser zu nutzen wusste. Damals war im Kampf um die Macht ein Fürst á la Machiavelli gefragt, dem alles Recht war, was ihm und dem Machterhalt nutzte. Diesen neuen Menschen-Typus verkörperte annähernd der spanische König, mehr noch sein gerissener Sekretär Pérez, am wenigsten jedoch Don Juan de Austria.

Letzterer scheint der alten Welt, dem mittelalterlichen Geist, oftmals noch stark verhaftet zu sein: Der Kaisersohn gilt manchen daher als der letzte Kreuzfahrer – der letzte Ritter, der unter dem Kreuz, das heißt im Zeichen des Glaubens, in den Krieg gegen die Ungläubigen zog. Er hielt die Werte der alten spanischen Gesellschaft hoch, Werte die allmählich untergingen – Werte, wie Ruhm und Ehre! Seine Devise lautete: „Etiam major" – „noch höher" wollte er hinaus, „noch größer" wünschte er zu werden, oder wie es der Dichter formulierte: „Dem Knaben ists, als müsst er in das Leben,/Hinaus, hinaus, und Kränze wird es geben."[1] Der berühmte Historiker des 19. Jahrhunderts, Leopold von Ranke, übersetzte Don Juans Motto mit: „Wer nicht vorwärts strebt, geht zurück." Dazu schrieb er erläuternd: „Seine ganze Seele, unerfüllt von dem, was ihm täglich gewährt, unbegnügt von dem, was ihm bereits gelungen war, trachtete dürstend nach größerer Ehre. Er redete von nichts, als von Kriegstaten und Siegen. Er behauptete, er würde sich aus dem Fenster stürzen, wenn er sähe, dass Jemand lebe, den mehr nach Ruhm verlange, als ihn."[2]

Obwohl Don Juan de Austria viel Charisma besaß, konnte er sich politisch nicht auf Dauer etablieren, denn er brachte keine Lobby, keine Partei zu seiner Unterstützung bei Hofe zusammen, die ihn und seine Ambitionen vor Ort förderte, zumal er sich kriegsbedingt oft lange Zeit vom eigentlichen Machtzentrum entfernt im „Ausland" aufhielt. Auch war Don Juan de Austria mehr an seiner persönlichen Unabhängigkeit in einem eigenen Königreich interessiert und weniger daran, die Macht in Spanien an sich zu reißen. Ganz im Gegensatz zu seinem Namensvetter Don Juan José etwa ein Jahrhundert später, der – da ebenfalls ein Bastard – oft mit ihm verwechselt wird. Ihm gelang es sogar, die Regentschaft in Spanien an sich zu bringen.

In der Forschung und Literatur wird Don Juan de Austria oftmals verschieden bewertet: Den einen gilt er als maßlos ehrgeizig und ruhmsüchtig, den anderen als ein Opfer der Verhältnisse, ein Abhängiger vom Willen des Königs, ein Gescheiterter mit einer Heldengloriole. Der reale Don Juan de Austria war aber ein kaiserlicher Bastard, der sich, erhoben durch die Macht des Königs, für dessen Sache einsetzte, nach eigenen Worten „ergeben ... wie der Ton in der Hand des Töpfers".

Er war nicht nur die offiziell anerkannte „Exzellenz", für viele bereits die „Hoheit", sondern auch der charmante Mann, den Männer wie Frauen verehrten. Obwohl nicht zu verwechseln mit der Kunstfigur des Frauenverführers Don Juan unterhielt auch er mehrere Liebesbeziehungen und zeugte einige Kinder, von denen aber nur zwei Töchter überlebten. Neben dem strahlenden Kaisersohn als öffentliche Person tritt uns also auch der Privatmensch entgegen, der liebende Mann, der treue Freund und anhängliche Bruder.

Warum tun wir uns heute mit der Bewertung des Sieges bei Lepanto über den Islam besonders schwer? Eingedenk des terroristischen Überfalls am 11. September 2001 auf die USA, eingedenk des Krieges im Irak, der politischen Spannungen und Mordanschläge im Nahen Osten sehen wir immer deutlicher, dass die damaligen und heutigen Auseinandersetzungen nicht allein auf religiöse Ursprünge zurückzuführen sind. Wir haben es vielmehr mit einem Kampf der Kulturen, der Wirtschaften, der Mentalitäten sowie Lebensweisen und der damit zusammenhängenden Aufteilung der Welt zu tun, mit einer Konfrontation, die bereits Jahrhunderte lang schwärte, als vergessen und erledigt galt, und dennoch von Neuem aufflammte. So irritiert uns zwar eine Aussage aus den 1950er Jahren, dass „in der Gestalt der Nato das Bündnis der ‚Heiligen Liga‘ in neuer Form wieder erstanden“[3] sei, aber auf dem Hintergrund der von den USA gewünschten Kriegsunterstützung der Natoländer gegen den Irak bekommt diese Einschätzung eine neue Aktualität.

Don Juan de Austria bezwang die Osmanen und sorgte damit für seine eigene Unsterblichkeit: Als legendenumwobener Held der Christenheit ging er in die traditionell-nationale Geschichtsschreibung westlicher Prägung ein und sehnte sich angesichts des Todes doch nur nach der „Weite des Himmels“. Zuallerletzt wünschte er einzig in der Nähe seines kaiserlichen Vaters bestattet zu werden, damit seien dann seine Dienste vollauf bezahlt und vergolten.

„So aber ist die Welt“, urteilte Ranke. „Sie reizt den Menschen, alle seine Fähigkeiten zu entfalten: sie treibt in ihm alle Hoffnungen auf. Dann mäßigt er sich nicht: seine Kräfte fühlend, jagt er den stolzesten Kampfpreisen der Ehre oder des Besitzes nach. Sie aber gewährt ihm nicht: sie schließt ihm ihre Schranken zu und lässt ihn untergehen.“[4]

Anhang

Dank

Vielen gebührt mein aufrichtiger Dank, vor allem:

für Beratung und Besorgung auch entlegener Werke und Materialien den Mitarbeiterinnen und Mitarbeitern der von mir aufgesuchten Archive und Bibliotheken, besonders der Universitätsbibliothek Regensburg, sowie den Bibliothekaren des Historischen Vereins für Regensburg und Oberpfalz;

für allzeit gewährte Unterstützung und Ermutigung meinem Mann Eckart Eitel, meiner Freundin Semra Ozman und meiner Schwester Brigitte Panzer;

für interessante Anregungen bei der Titelsuche den Mitgliedern meines „Münchner Stammtisches";

für die kritisch-begleitende Lesearbeit meiner Lektorin Heidi Krinner-Jancsik, für das Herbeischaffen des gewünschten Bildmaterials der Lektoratsassistentin Anna Seemann sowie nicht zuletzt dem Verlag Friedrich Pustet, welcher der bereits erschienenen Biografie von „Barbara Blomberg" nunmehr auch die Lebensbeschreibung ihres berühmten Sohnes „Don Juan de Austria" folgen lässt.

Regensburg, im November 2003

Zeittafel

1496 Erzherzog Philipp („der Schöne") von Österreich heiratet Juana (Johanna „die Wahnsinnige"), Erbin von Kastilien und Aragon. Diese Ehe verbindet das Haus Habsburg mit Spanien.

1499 (bis 1502) Seekrieg der Türken gegen Venedig; erster Seesieg der Osmanen.

1500 Geburt Karls (V.) in Gent.

1502 Die spanischen Muslime werden vor die Wahl gestellt, sich taufen zu lassen oder auszuwandern.

1504 Der Krone von Aragon wird das Königreich Neapel hinzugefügt.

1512 (bis 1520) Sultan Selim I.

1516 Karl besteigt den spanischen Thron.

1517 Beginn der Reformation mit Luthers 95 Thesen.

1519 Karl (V.) wird zum Kaiser gewählt.

1520 (bis 1566) Suleiman II., der Prächtige und der Gerechte. – Während seiner Herrschaft wird das Osmanische Reich zur Großmacht. Sein Territorium umschließt neben der Türkei auch den Balkan, über die Hälfte von Ungarn, die Küsten des Schwarzen Meeres, zudem Syrien, den Irak, die Arabische Halbinsel und die Südküste des Mittelmeeres. Ein funktionierendes Staatswesen wurde aufgebaut, eine zeitgemäße Gesetzgebung eingeführt; Wirtschaft und Kultur blühen auf.

1521 Karl geht eine Liebesbeziehung mit Johanna van der Gheenst ein.

1522 Geburt der natürlichen Tochter Margarete, spätere Herzogin von Parma und Generalstatthalterin der Niederlande.

1526 Karl heiratet in Sevilla Isabella von Portugal.

1527 Geburt des Infanten Philipp (II.) von Spanien.

(um) 1527 Barbara Plumberger (Blomberg), die spätere Geliebte Kaiser Karls V. und Mutter von Don Juan de Austria, wird in Regensburg geboren.

1529 Die Türken belagern Wien.

1530 Karl V. wird zum Kaiser in Bologna gekrönt.

1531 Karl V. lässt seinen Bruder Ferdinand zum Römischen König in Aachen krönen.

1535 Eroberung von Tunis durch Kaiser Karl V.

1538 Heilige Liga gegen die Türken.

1539 Tod der Kaiserin Isabella.

1541 Karl V. unterliegt vor Algier den Türken.

1543 Der spanische Regent Philipp II. heiratet Maria, Infantin von Portugal, spätere Mutter des Infanten Don Carlos (geb. 1545).

1546 Reichstag zu Regensburg: Protestantische Fürsten nehmen nicht teil; Liebesverhältnis zwischen Kaiser Karl V. und der Bürgerstochter Barbara Plumberger (Blomberg).

1546/47 Schmalkaldischer Krieg: Kaiser Karl V. besiegt die protestantischen Stände in der Schlacht bei Mühlberg und steht damit auf dem Höhepunkt seiner Macht.

1547 Don Juan de Austria, Sohn Kaiser Karls V. mit Barbara Blomberg, wird geboren.

1547/48	Der „geharnischte" Reichstag zu Augsburg: Augsburger Interim.
1551	Ankunft Barbara Blombergs mit ihrem Ehemann Hieronymus Kegel in Brüssel.
1555	Karls Mutter, Johanna „die Wahnsinnige", stirbt in Tordesillas. – Augsburger Religionsfriede: Spaltung in Katholizismus und Protestantismus; der Landesherr bestimmt die Konfession.
1556	Abdankung Kaiser Karls V. in Brüssel: Philipp II. wird Nachfolger in den spanischen Erblanden der Habsburger samt den Niederlanden, Teilen Italiens und der Neuen Welt; Karls Bruder Ferdinand I. wird Nachfolger in Österreich und im Reich (ab 1558–64 Kaiser).
1557	Karl V. in San Yuste. – Erster spanischer Staatsbankrott.
1558	Tod Karls V. in San Yuste. – Tod Königin Marias I. von England, zweite Gemahlin Philipps II. von Spanien; Elisabeth I. wird Königin von England und erneuert die anglikanische Staatskirche.
1559	Philipp II. kehrt nach Spanien zurück und heiratet in dritter Ehe Elisabeth (Isabel) von Valois, Tochter Heinrichs II. von Frankreich. – Margarete von Parma wird Generalstatthalterin der Niederlande.
1560	Spanische Flotte wird vor Djerba von den Türken zerstört.
1562	Madrid wird Hauptstadt Spaniens. 1562 Beginn der Religionskriege in Frankreich.
1563	Bau des Escorial beginnt.
1564	Maximilian II. wird Kaiser.
1565	Erfolgreiche Verteidigung Maltas gegen die Türken durch La Valette.
1566	(bis 1574) Selim II. – Kardinal Ghislieri kommt als Pius V. auf den Papstthron.
1567	Aufstand der Morisken in Granada bricht aus.
1568	(bis 1648) Freiheitskampf der Niederlande. – Hinrichtung der Grafen Egmont und Hoorne.
1568	Tod des Infanten Don Carlos und der spanischen Königin Elisabeth (Isabel), der dritten Gemahlin Philipps II.
1570	König Philipp II. heiratet in vierter Ehe seine Nichte Anna von Österreich.
1570	Die Türken erobern Zypern.
1571	Gründung der Heiligen Liga. – Seesieg der christlichen Flotte unter dem Oberbefehl Don Juan de Austrias bei Lepanto über die Türken.
1572	(24. August) Bartholomäusnacht in Frankreich.
1573	Herzog Alba wird aus den Niederlanden abberufen; Nachfolger Luis de Requesens.
1574	Plünderung von Antwerpen, Maastricht und Gent.
1573/74	Don Juan de Austria erobert Tunis. – Tunis geht wieder verloren.
1575	Erneuter Staatsbankrott in Spanien.
1576	Pazifikation von Gent. – Don Juan de Austria wird zum Generalstatthalter der Niederlande ernannt.
1577	Ankunft von Barbara Blomberg in Spanien.
1578	Sieg von Gembloux über die Niederländer. – Don Juan de Austria

stirbt bei Namur – Alexander Farnese, Sohn der Herzogin von Parma, wird sein Nachfolger in den Niederlanden. – Portugals König Sebastian fällt in Nordafrika.

1579 Verhaftung von Antonio Pérez.

1580 Portugal kommt in Personalunion an Spanien.

1581 Die sieben Nordprovinzen der Niederlande sagen sich von Spanien los.

1582 Einführung des neuen Kalenders durch Papst Gregor XIII.

1587 Maria Stuart wird hingerichtet.

1588 Ausfahrt und Vernichtung der spanischen Armada vor den britischen Inseln.

1597 Tod Barbara Blombergs in Ambrosero; beigesetzt im Kloster Montehano.

1597 Dritter Staatsbankrott in Spanien unter Philipp II.

1598 Tod König Philipps II. von Spanien. – Pestepidemie in Spanien.

1598 (bis 1621) Philipp III., König von Spanien.

1605 Cervantes: „Don Quijote de la Mancha", erster Teil, erscheint.

Stammtafel Don Juan de Austria

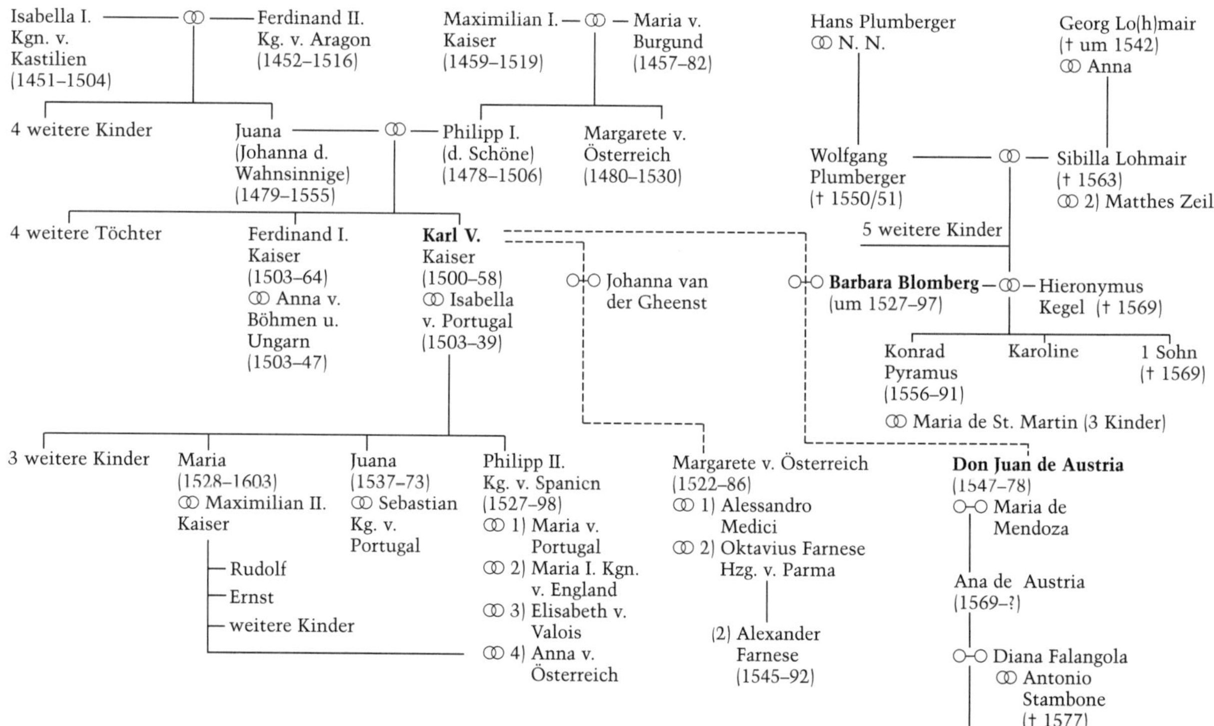

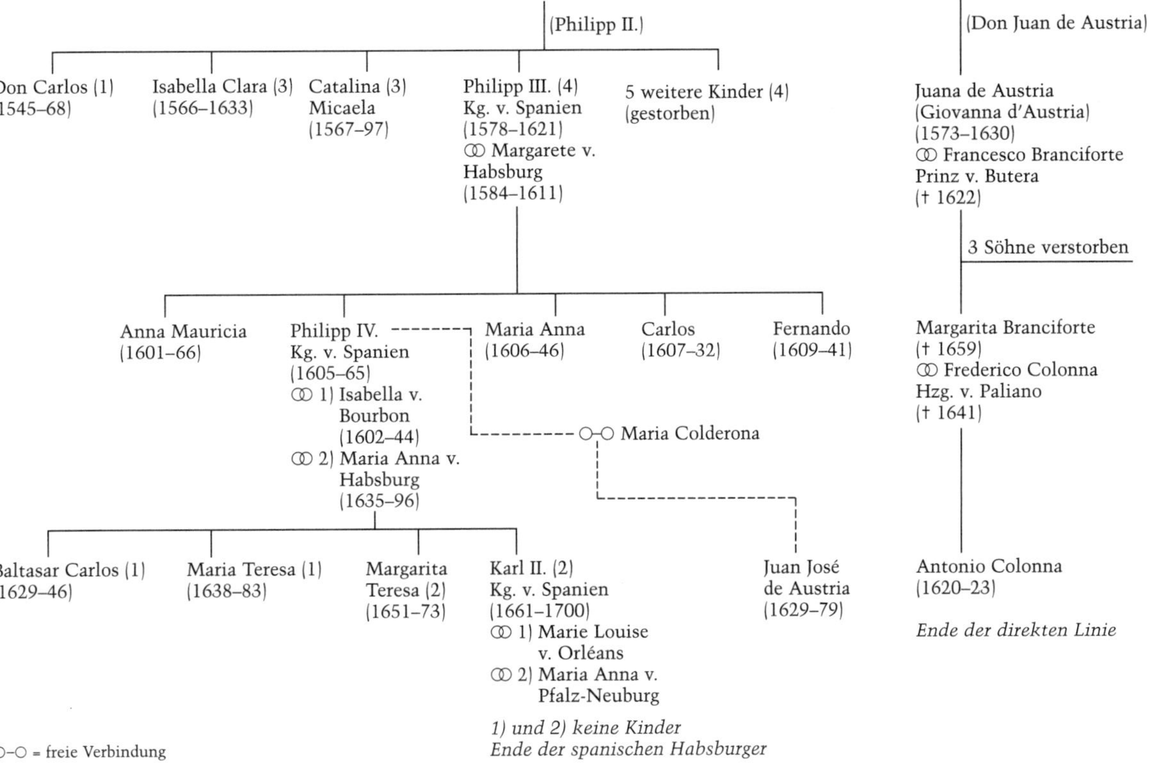
(Philipp II.)
Don Carlos (1)
(1545–68)
Isabella Clara (3)
(1566–1633)
Catalina (3)
Micaela
(1567–97)
Philipp III. (4)
Kg. v. Spanien
(1578–1621)
⚭ Margarete v.
Habsburg
(1584–1611)
5 weitere Kinder (4)
(gestorben)
Anna Mauricia
(1601–66)
Philipp IV.
Kg. v. Spanien
(1605–65)
⚭ 1) Isabella v.
Bourbon
(1602–44)
⚭ 2) Maria Anna v.
Habsburg
(1635–96)
Maria Anna
(1606–46)
Carlos
(1607–32)
Fernando
(1609–41)
○–○ Maria Colderona
Baltasar Carlos (1)
(1629–46)
Maria Teresa (1)
(1638–83)
Margarita
Teresa (2)
(1651–73)
Karl II. (2)
Kg. v. Spanien
(1661–1700)
⚭ 1) Marie Louise
v. Orléans
⚭ 2) Maria Anna v.
Pfalz-Neuburg
1) und 2) keine Kinder
Ende der spanischen Habsburger
Juan José
de Austria
(1629–79)
(Don Juan de Austria)
Juana de Austria
(Giovanna d'Austria)
(1573–1630)
⚭ Francesco Branciforte
Prinz v. Butera
(† 1622)
3 Söhne verstorben
Margarita Branciforte
(† 1659)
⚭ Frederico Colonna
Hzg. v. Paliano
(† 1641)
Antonio Colonna
(1620–23)
Ende der direkten Linie
○–○ = freie Verbindung

Quellen und Literatur

Albéri, Eugenio: Relazioni degli ambasciatori Veneti al senato durante il secole 16. Florenz 1839–63 (15 Bände).

Alvarez, Manuel Fernandez: Karl V., Herrscher eines Weltreichs. München, 3.Aufl. 1987 (Originalausgabe London 1975).

Balansó, Juan: Las mujeres en la vida de Juan de Austria. In: Historia y Vida, núm. 43, oct. de 1971.

Beeching, Jack: Don Juan d'Austria. Sieger von Lepanto. München 1983. (Originalausgabe London 1982).

Beer, Rudolf: Die Galeere des Don Juan de Austria bei Lepanto. Wien 1894. (Jahrbuch der kunsthist. Sammlungen des Allerhöchsten Kaiserhauses, Tl. 15, Nr.1).

Bennassar, Bartolomé: Don Juan de Austria. Madrid 2000.

Bernecker, Walther L./Pietschmann, H.: Geschichte Spaniens. Von der frühen Neuzeit bis zur Gegenwart. Stuttgart u. a. 1993.

Bernecker, Walther L./Collado Seidel, Carlos/Hoser, Paul (Hg.): Die spanischen Könige. 18 historische Porträts vom Mittelalter bis zur Gegenwart. München 1997.

Bleiberg, Germán: Diccionario de Historia de España. Madrid 1979, 1981.

Boyden, James M.: The Courtier and the King. Ruy Gómez de Silva, Philip II, and the court of Spain. London 1995.

Brandi, Karl: Kaiser Karl V. Werden und Schicksal einer Persönlichkeit und eines Weltreiches. München 1937 (Frankfurt a. M., 8. Aufl. 1986).

Brantôme, Pierre de: Don Juan de Austria. In: Memoires contenant les vies des hommes illustres et grands Capitaines, Bd. 1, 1838, 127–133.

Braudel, Fernand: Das Mittelmeer und die mediterrane Welt in der Epoche Philipps II. Frankfurt a. M., 2. Aufl. 2001 (3 Bde.).

Truslé de Montpleinchamp, J. C.: L'histoire de don Jean d'Autriche, fils de l'empereur Charles-quint. Amsterdam 1690.

Byron, William: Cervantes. Der Dichter des Don Quijote und seine Zeit. München 1982.

Caetani, Onorato: La battaglia di Lepanto (1571). Palermo 1995.

Camion, H.: Don Juan d'Autriche. Le Vainqueur de Lepanto. Paris 1952.

Canosa, Romano: Lepanto. Roma 2000.

Charles-Roux, Edmonde: Stèle pour un bâtard. Paris 1980.

Chauchadis, Claude: Honneur, morale et société dans l'Espagne de Philippe II. Paris 1984.

Colección de documentos inéditos para la historia de España. Madrid 1842–95 (mehrere Bände).

Coloma, Luis: Don Juan de Austria, der Sohn Kaiser Karls V. Ein großes Leben im 16. Jahrhundert. München 1936. (Eine eher romanhafte Biograpie, aber auf Quellen basierend!)

Croce, Benedetto: History of the Kingdom of Naples. (engl. Übersetzung) Chicago und London 1970.

Defourneaux, Maecelin: Spanien im Goldenen Zeitalter. Kultur und Gesellschaft einer Weltmacht. Stuttgart 1986 (frz. Originalausg. 1964).

Döllinger, Johann Joseph Ignaz von (Hg.): Dokumente zur Geschichte Karls

V. und Philipps II. und ihrer Zeit aus spanischen Archiven. Regensburg 1862.
Dumont, Jean: Lépante. Paris 1997.
Dudszus, Alfred u. a.: Das große Buch der Schiffstypen. Augsburg 1995.
Dumesnil, Alexis: Histoire de Don Juan d'Autriche. Brüssel 1827.
Egger, Walter: Der Retter des Abendlandes. In: Bilder aus bayerischer Vergangenheit. Regensburg 1971, S. 127–136.
Essen, Léon van der (auch: Vander Essen, Léon): Alexandre Farnese. Prince de Parme, Gouverneur Général de Pays-Bas (1545–1592). Brüssel 1933–37 (5 Bde.).
Faroqui, Suraiya: Kultur und Alltag im Osmanischen Reich. München 1995.
Fórmica Corsi, Mercedes: La hija de Don Juan de Austria. Madrid, 3. Aufl. 1975.
Frankl, Ludwig August: Don Juan d'Austria. Leipzig 1846 (Heldenlied).
Gachard, M.: Don Juan d'Autriche. Etudes historiques. Première Etude: La mère de Don Juan. Deuxième Etude: L'enfance de Don Juan. Brüssel 1868.
Gachard, M.: Don Carlos et Philippe II. Brüssel 1863. (2 Bde.).
Gachard, Louis Prosper: Notice sur un manuscrit de la Bibliothèque Royale de La Haye, contenant des lettres de Don Juan d'Autriche, du secrétaire Escobedo, des billets d'Antonio Pérez, apostilles de la main de Philippe II. Brüssel 1847.
Gachard, Louis Prosper: Retraite et mort de Charles-Quint. Brüssel 1854–55 (2 Bde).
Gachard, Louis Prosper (Hg.): Correspondance de Philippe II sur les affaires des Pays-Bas 1558–1577. Brüssel 1848–1879 (5 Bde.).
Geschichte der Frauen, Frühe Neuzeit, Bd. 3, hrsg. v. Arlette Farge u. Natalie Zemon Davis, Paris 1994.
Giardini, Cesare: Don Carlos. Infant von Spanien. München 1994.
Glatre, Eric: Lépante, 1571. Paris 1991.
González Cremona, Juan Manuel: Juan de Austria, héroe de leyenda. Barcelona 1994.
Grierson, Edward: Philipp II. König zweier Welten. Frankfurt a. M. 1978 (engl. Originalausgabe 1969 u. 1974).
Hammer(-Purgstall), Joseph von: Geschichte des osmanischen Reiches. Band 2: 1520 – 1623. Pest, 2. Aufl. 1834.
Hartlaub, Felix: Don Juan d'Austria und die Schlacht bei Lepanto. Berlin 1940.
Havemann, Wilhelm: Das Leben des Don Juan d'Austria. Gotha 1865.
Heine, Hartmut: Geschichte Spaniens in der frühen Neuzeit 1400–1800. München 1984.
Herre, Paul: Papsttum und Papstwahl zur Zeit Philipps II. Leipzig 1907.
Herre, Paul: Weltgeschichte am Mittelmeer. Leipzig 1930.
Herre, Paul: Der Kampf um die Herrschaft im Mittelmeer. Leipzig 1909.
Herre, Paul: Das Papsttum Pius des Fünften und das Konklave Gregors des Achten. Leipzig 1906.
Herre, Paul: Europäische Politik im Cyprischen Krieg. Leipzig 1902.
Hofmannsthal, Hugo von: Philipp II. und Don Juan d'Austria. Sämtliche Werke, Bd. 30, Frankfurt a. M. 1982 (Roman-Biographie).

Ibero, Carlos Ibanez de: Don Juan de Austria: politico y innovador. Madrid 1944.

Jonnekin, Georges: Le cardinal de Granvelle. Versailles 1989.

Kamen, Henry: Die spanische Inquisition. München 1967.

Khevenhüller-Metsch, Georg von (Hg.): Hans Khevenhüller, Kaiserlicher Botschafter bei Philipp II. Geheimes Tagebuch 1548–1605. Graz 1971.

Kellenbenz, Hermann: Don Juan de Austria und seine Zeit. Verhandlungen des Hist. Vereins für Regensburg und Oberpfalz 112, 1972, S. 157–172.

Kohler, Alfred: Karl V., 1500 – 1558. München 1999.

Kretschmayr, Heinrich: Geschichte von Venedig. Band 3: Der Niedergang. Stuttgart/Gotha 1934.

Leutz, Ilse: Der Sieger von Lepanto. Ein Roman um Don Juan d'Austria. Berlin 1940.

Lopez de Toro, José: Lepanto y su heroe en la historia y en la poesia. Madrid 1971.

Lynch, John: Spain under the Habsburgs. Oxford 1964/69 (2 Bde).

Maltby, William: Alba: A Biography of Fernando Alvarez de Toledo, Third Duke of Alba, 1507–1582. Berkeley/Los Angeles 1983.

Mayer, Peter: Das Denkmal des Don Juan d'Austria. In: Regensburger Almanach, 1977/78, S. 114–119.

Majoros, Ferenc/Rill, Bernd: Das Osmanische Reich 1300–1922. Die Geschichte einer Großmacht. Regensburg 1994.

Meissner, Toni: Die Seeschlacht von Lepanto. München 1989 (Sendemanuskript des Bayerischen Rundfunks).

Merriman, Roger B.: The Rise of the Spanish Empire in the Old World and in the New. Band 4: Philip the Prudent. New York 1934.

Mieck, Ilja: Europäische Geschichte der Frühen Neuzeit. 4., verb. Aufl. Stuttgart, Berlin, Köln 1989.

Montero Hernando, Manuel: Juan de Austria, un héroe al servicio de Felipe II. Madrid 1985.

Motley, John L.: The Rise of the Dutch Republic. London 1855–1858 (3 Bde.).

Muro, Gaspar: Vida de la Princesa Eboli. Mexico City 1883.

Nette, Herbert: Karl V. in Selbstzeugnissen und Bilddokumenten. Reinbek b. Hamburg, 2. Aufl. 1985.

Normann-Friedenfels, Eduard von: Don Juan de Austria als Admiral der heiligen Liga und der Schlacht bei Lepanto. Pola 1902.

Oddo Bonasede, Matilde: Messina. Messina 1991 (Reprint von 1897).

Ossario, Antonio: Vida de Juan de Austria. Madrid 1968.

Panzer, Marita A.: Sozialer Protest in süddeutschen Reichsstädten 1485 bis 1525. Anhand der Fallstudien: Regensburg, Augsburg und Frankfurt am Main. München 1982 (MBM Heft 104).

Panzer, Marita A.: Barbara Blomberg. Bürgerstochter und Kaisergeliebte. Regensburg 1995 (dort auch ausführliche Bibliographie zur Mutter des Don Juan de Austria).

Panzer, Marita A.: Das „Katholische Königspaar": Isabella I. von Kastilien und Ferdinand II. von Aragonien (1479–1504/16). In: Die spanischen Könige, hrsg. von Walther L. Bernecker u. a., München 1997, S. 15–36.

Panzer, Marita A.: Englands Königinnen. Von den Tudors zu den Windsors. Regensburg 2001, München und Zürich 2003.

Parker, Geoffrey: The Dutch Revolt. Ithaca/N.Y. 1977.
Pastor, Ludwig von: Geschichte der Päpste im Zeitalter der katholischen Reformation und Restauration, Bd. 8: Pius V. (1566–1572). Freiburg i. Br. 1920.
Petri, Franz/Schöffer, Ivo/Woltjer, Jan Juliaan: Geschichte der Niederlande, Holland, Belgien, Luxemburg. München 1991 (Handbuch der europäischen Geschichte, hrsg. v. Theodor Schieder).
Petrie, Charles Alexandre: Don Juan d'Austria. Stuttgart 1968.
Pfandl, Ludwig: Philipp II. Gemälde eines Lebens und einer Zeit. München, 8. Aufl. 1979.
Pierson, Peter: Philip II of Spain. London 1975. (dt. Ausgabe: Philipp II. Vom Scheitern der Macht. Graz u. a. 1985).
Piot, Charles (Hg.): Correspondance du Cardinal de Granvelle, 1565–1583. Brüssel 1884.
Porreño, Baltasar: Historia del Serenísimo Señor Don Juan de Austria. Madrid 1899 (Neudruck).
Prescott, William H.: History of the reign of Philip II, King of Spain. London 1855–1859 (3 vols.).
Putlitz, Gustav von: Don Juan d'Austria. Berlin 1860 (Trauerspiel).
Rachfahl, Felix: Margaretha von Parma. Statthalterin der Niederlande. (1559–1567). München/Leipzig 1898.
Rachfahl, Felix.: Don Carlos: kritische Untersuchungen. Freiburg i. Br. 1921.
Ranke, Leopold von: Die Osmanen und die Spanische Monarchie im 16. und 17. Jahrhundert. Leipzig 1877 (4. Aufl.).
Reger, Anton: Die erste Ehrung des Don Juan d'Austria. In: Die Oberpfalz, Juli 1978, H. 7, Jg. 66, S. 20 ff.
Reis, Kurt: Don Juan. Der große Abenteurer. Berlin 1952 (Roman).
Rosell, Cayetano: Historia de la Combate Naval de Lepanto. Madrid 1853. (mit Quellenanhang)
Schinhammer, Johann S.: Die Seeschlacht bei Lepanto. Stadtamhof 1862.
Serrano, Luciano (Hg.): Correspondencia diplomatica entre España y la Sante Sede durante el pontificado de S. Pio V. Madrid 1914 (4 Bände).
Seyboth, Hermann: Genau vor 400 Jahren: Die Schlacht von Lepanto. Strahlender Sieger: ein gebürtiger Regensburger. In: Mittelbayerische Zeitung, 7. Okt. 1971.
Slocombe, George: Don John of Austria: Victor of Lepanto. London 1938.
Stirling-Maxwell, William: Don John of Austria. 2 Bände, London 1883 (mit Quellenanhang/Appendix).
Tato, Julio Guillen (prologo): La batalla naval del señor Don Juan de Austria: segun un manuscrito anonimo contemporaneo. Madrid 1971.
Törne, Per O. von: Don Juan d'Autriche et les projets de conquête de l'Angleterre. o. O. 1928.
Tyler, Royall: The Emperor Charles the Fifth. London 1956.
Vander Hammen, Lorenzo (auch: Lorenzo van der Hammen y Leon oder Lorenzo Vanderhammen): Don Juan de Austria. Madrid 1627. (Erste Biografie über den Kaisersohn!)
Vargas-Hidalgo, Rafael: La Batalla de Lepanto. Santiago 1998. (Darin Briefe von Philipp II., Don Juan de Austria, Juan Andrea Doria)
Vasold, Manfred: Philipp II. Reinbek b. Hamburg 2001.

Villafane, Juan de: Relacion histórica de la vida de Magdalena de Ulloa. Salamanca 1723.
Warner, Oliver: Große Seeschlachten. Frankfurt a. M. 1963.
Weiß, Charles (Hg.): Papiers d'état du Cardinal de Granvelle. Paris 1841–52 (9 Bände).
Wohl, Louis de: Der Sieger von Lepanto. Freiburg 1956 (Roman).
Wohlfhart, Heinz: Don Juan de Austria. Der Sieger von Lepanto. Graz, Köln u. a. 1965 (Roman).
Yeo, Margaret: Don John of Austria. London 1934. (Romanbiografie).
Zeise, Franz: Die Armada. Don Juan d'Austria – Lebensfahrt eines Ehrsüchtigen. Berlin 1936 (Roman).
Zinkeisen, Johann Wilhelm: Geschichte des osmanischen Reiches in Europa. Dritter Theil: Das innere Leben und angehender Verfall des Reiches bis zum Jahre 1623. Gotha und Hamburg 1855.

Anmerkungen

Kapitel 1: „Das Geheimnis des Knaben", S. 9–23

1 So nichts anderes vermerkt, basieren alle Angaben in Kapitel 1 auf Marita A. Panzer, Barbara Blomberg, Regensburg 1995. – Siehe dort auch die Quellenangaben und Literaturhinweise!
2 Dazu Panzer, Sozialer Protest, München 1982.
3 Geschichte der Frauen, Bd. 3, S. 73.
4 Dazu Panzer, Das „Katholische Königspaar", in: Die spanischen Könige, S. 15 ff.
5 Gachard, Don Juan, S. 33 ff.: „L'année 1547 est donc indubitablement celle qu'il faut assigner à la naissance de don Juan d'Autriche." Damit irren sowohl Vander Hammen, der meint, dass Don Juan am 24. oder 25. Februar 1545 geboren wurde, als auch andere, die 1546 als Geburtsjahr ausmachten. – Auch einem Beileidsbrief von Kardinal Granvelle (Granvela) an Philipp II. zum Tode seines Halbbruders Don Juan de Austria können wir das exakte Geburtsjahr entnehmen. Der Kardinal schrieb am 23. Oktober 1578: „Hále llamada Nuestro Señor en la flor de su edad, á los 31 años de esta." (Brief im Archiv von Simancas, Estado leg. 932, hier zit. nach Porreño, Don Juan, Nota II, S. 219).
6 Dokument aus den Staatspapieren des Kardinal Granvelle, zit. nach Coloma, Don Juan, S. 11 f.; Dokument vom 13. Juni 1550 auch bei Gachard, Don Juan, S. 38 f. und bei Weiß, Papiers de Granvelle, IV, S. 499 f.
7 Walderdorff, zit. nach Panzer, Blomberg, S. 93.
8 Stirling-Maxwell, Bd. 1, S. 8 f.
9 Coloma, S. 13.
10 Vgl. zu dieser Heirat Panzer, Englands Königinnen, S. 72 ff.
11 Havemann, S. 11.
12 Vander Hammen, S. 11.

Kapitel 2: „Der Sohn eines großen Mannes", S. 24–41

1 Der Jesuit Juan de Villafañe beschrieb erstmals das Leben dieser tugendsamen und tief religiösen Frau in: La Limosnera de Dios. Relacion historica de la vida y virtudes de Doña Magdalena de Ulloa Toledo Ossorio y Quiñones, muger de Luis Mendez Quixada, ..., Salamanca 1723.
2 Zit. nach Coloma, S. 27 f. – Fast alle Biografen Don Juan de Austrias zitieren diesen Brief; vgl. stellvertretend González Cremona, S. 17: „Charles Prevost, un hombre de toda mi confianza, traerá a Villagarcía un niño de unos ocho años de edad. En nombre del amor que os tengo y del que vos me tenéis a mí, os ruego prestéis a ese niño vuestra protección maternal y cuidéis de él. Es hijo de uno de mis mejores amigos. No puedo deciros su nombre pero os aseguro que procede de estirpe nobilísima. Debe ser educado como el hijo de un noble aunque su padre desea que vista con sencillez y que no se le estimule el orgullo ni la ambición."
3 Petrie, S. 26.
4 González Cremona, S. 19 f.
5 Zit. nach Beeching, S. 16.
6 Nach Coloma, S. 30 ff.
7 Nach Yeo, S. 11.
8 Gemäß Bennassar, S. 44; Coloma, S. 30 ff.
9 Wie dies Stirling-Maxwell ausdrückte (Bd. I, S. 12).

10 Villafañe, La Limosnera de Dios.
11 Coloma, S. 37.
12 Coloma, ebd.
13 M. Gachard, Retraite, Bd. 2, S. 513 f.
14 Alvarez, S. 219.
15 Gachard, S. 45.
16 Alvarez, S. 223.
17 Alvarez, S. 224.
18 Stellvertretend für viele Lahnstein, S. 333.
19 Der erste Biograf Don Juan de Austrias, Vander Hammen, setzte dies in die Welt!
20 Meint zumindest Petrie, S. 27.
21 Petrie, S. 27.
22 Vgl. Bericht eines anonymen Mönchs über die Zeit Kaiser Karls V. in Yuste (Historia breve e sumario), gedruckt bei Gachard, Retraite et Mort de Charles V., Bd. 2, S. 55.
23 Zit. nach Coloma, S. 84.
24 Gachard, Don Juan, S. 40; Testament und Kodizill bei Sandoval, Bd. 11, S. 639; Beeching, S. 24; Giardini, S. 97 f.
25 Kodizill in: Weiß, Papiers, Bd. 4, S. 496 ff.; hier zit. dt. Übers. bei Coloma, S. 84 f.; siehe auch engl. Übers. bei Stirling-Maxwell, Bd. 1, S. 22.
26 Zit. Coloma, S. 85 f.
27 Dieses hier zitierte Dokumentenpaket findet sich abgedruckt in: Weiß, Papiers de Granvelle, Bd. 4, S. 495 ff. u. 509.
28 Nach Stirling-Maxwell, Bd. 1, S. 23.
29 Siehe zu dieser ganzen Diskussion Panzer, Blomberg, S. 100 ff.; angeblich soll Kaiser Karl V. 15 illegitime Kinder gehabt haben.
30 Z. B. Neue Deutsche Biographie, S. 718.
31 Herre, zit. nach Panzer, Blomberg, S. 102.
32 Lahnstein, zit. nach Panzer, Blomberg, S. 102.
33 Gachard, Retraite, Bd. 1, S. 435; hier zit. dt. Übers. nach Coloma, S. 81.
34 Gachard, Retraite, Bd. 1, S. 446; hier zit. dt. Übers. nach Coloma, S. 81 f.
35 Gachard, Retraite, Bd. 1, S. 449 f.; hier zit. dt. Übers. nach Coloma, S. 83 f.
36 Nach Stirling-Maxwell, Don John, Bd. 1, S. 24 ff. (auch im Folgenden!).
37 Ob die soeben Genannten wirklich auf dem Autodafé dabei waren, bleibt unklar. Denn hierfür gibt es nur eine einzige Quelle, die nicht immer korrekte Biografie von Vander Hammen (S. 23 ff.). Allerdings folgen ihm alle weiteren Biografen in diesem Punkte. Bis auf Havemann, der dem Bericht Vander Hammens nicht traut und die Anwesenheit Jerónimos dort in das Reich der Legende verweist. Wir geben die Ereignisse des Autodafés trotzdem wieder, wenn auch unter dem nötigen Vorbehalt!
38 Gachard, Retraite, Bd. 2, S. 513 f.

Kapitel 3: „Ich muss in Euch meinen Bruder erkennen", S. 42–54

1 Gachard, Retraite, Bd. 1, S. 375: „En lo demas que V. Mtad sabe que está á mi cargo, se tendrá todo el cuydado del mundo, hasta en tanto que V. Mtad venga, que tambien me mandó de palabra que dije sobrello a V. Mtad algun recaudo."
2 Gachard, Retraite, Bd. 2, S. 506.
3 Gachard, Relations, S. 15.
4 Siehe dazu Panzer, Englands Königinnen, S. 72–92 (Maria I., 1516–1558, regierende Königin 1553–1558).

5 Philipp, am 21. Mai 1527 in Valladolid geboren, heiratete zuerst eine portugiesische Prinzessin, von der er einen Sohn, Don Carlos, gewann. Dann war er mit Maria I. von England, einer Cousine zweiten Grades, verehelicht. Die Hochzeit fand am 25. Juli 1554 in Winchester statt. Mit dem Tod seiner Gemahlin am 17. November 1558 verwitwete der nunmehrige spanische König zum zweiten Mal. (Panzer, ebd.)
6 Giardini, S. 98 f. – Stirling-Maxwell (Bd. 1, S. 32f) gibt die Szene folgendermaßen wieder: „Do you know, youngster, who your father was? (...) Charles the Fifth, my lord and father, was also yours. You could not have had a more illustrious Sire, and I am bound to acknowledge you as my brother."
7 Stirling-Maxwell, Bd. 1, S. 33.
8 Stirling-Maxwell, Bd. 1, S. 33 f.
9 Villafañe, Vida de Doña Magdalena, hier zit. nach Giardini, S. 98 und S. 239/Anm. 55.
10 Nach Coloma, S. 118, der hier (ohne nähere Angaben) aus Gachard ein Manuskript der Biblioteca Magliabechiana in Florenz zitiert.
11 Der deutsche Name des Prinzen ist nur in der älteren Literatur und Forschung geläufig. In Italien wurde er Giovanni d'Austria genannt, wovon sich die oftmals gebräuchliche Schreibweise Don Juan d'Austria ableitet. Da sich der gebürtige Regensburger aber ganz als Spanier fühlte und auch so erzogen wurde, bevorzuge ich die spanische Form, die keine Apostrophierung kennt.
12 Zit. nach Wiegler, S. 236.
13 Philipp II. von Spanien in Briefen an seine Töchter, übersetzt und mit einer Einführung versehen von Paul Graf Thun-Hohenstein, München 1947, S. 40 ff.
14 Laut Grierson, S. 81.
15 Cabrera beschreibt die ganze Zeremonie in aller Ausführlichkeit!
16 Stirling-Maxwell, Bd. 1, S. 37.
17 Siehe James M. Boyden, The Courtier and the King, Ruy Gómez de Silva, Philip II and the Court of Spain!
18 Eine deutschsprachige Biografie scheint nicht greifbar; zu empfehlen ist die Romanbiografie über Prinzessin Eboli von Kate O'Brien, That Lady. London, Reprint 1996.
19 Gachard, Don Carlos et Philippe II, Bd. 2, S. 465, Anm. 1.
20 Zit. nach Beeching, S. 35.
21 Panzer, Das „Katholische Königspaar", in: Die spanischen Könige, S. 33.
22 Vgl. Coloma, S. 132 f.
23 Stirling-Maxwell, Bd.1, S. 39 f. – Honorato Juan starb am 30. Juli 1566.
24 Havemann, S. 35.
25 Quartanfieber = Malaria, Wechselfieber.
26 Fast alle Biografen berichten von diesem Vorfall; hier zit. nach Petrie, S. 37 f; vgl. auch Yeo, S. 60 f. und Coloma, S. 134.
27 Gachard, Relations, S. 63; zit. nach Havemann, S. 36.
28 Stellvertretend für fast alle Biografen Yeo, S. 61 f.
29 Bennassar, S. 59.
30 Stirling-Maxwell (Bd. 1, S. 44) nennt nur Latein und Dialektik.
31 Stirling-Maxwell, Bd. 1, S. 45.

Kapitel 4: „Die militärische Laufbahn beginnt", S. 55–67

1 Coloma, S. 151.
2 Giardini, S. 136 f. – Ich folge hier weitgehend Giardinis Auffassung über das Schicksal des spanischen Infanten Don Carlos. Giardini arbeitet mit großem psychologischen Einfühlungsvermögen die Philipp-Carlos-Problematik heraus und begreift die Tragödie des Thronfolgers als eine rein menschliche, deren politische Dimension sich hauptsächlich aus der dynastischen Stellung der Handelnden ergab.
3 Zit. nach Giardini, S. 213 f.
4 Colección, Bd. 27, S. 85; vgl. auch Havemann, S. 61.
5 Vgl. dazu Giardini, S. 195 f; Petrie, S. 38 f.
6 Brief Philipps II. vom 23. Mai 1558 an Don Juan de Austria, in: Vander Hammen, S. 42–44; hier zit. dt. Übers. bei Petrie, S. 39–43. – Diesen Brief zitieren wegen seines Stellenwerts fast alle Biografen mehr oder weniger ausführlich!
7 Vander Hammen widmet der detaillierten Beschreibung dieser Bilder und der übrigen Ausstattung in seinem Werk mehrere Seiten!
8 Festzustellen ist aber, dass nicht nur Piraten aus den arabischen Anrainerländern des Mittelmeeres die Gewässer unsicher machten und die Handelsschiffe überfielen. Auch christliche Korsaren waren hier unterwegs, und auf dem Atlantik brachten vor allem englische Kapitäne, wie Sir Francis Drake, die mit Reichtümern aus der neuen Welt beladenen spanischen Schiffe mit Zustimmung der englischen Königin Elisabeth I. auf.

Kapitel 5: „Krieg mit Feuer und Blut", S. 68–81

1 Dazu vor allem Fernand Braudel, Das Mittelmeer und die mediterrane Welt in der Epoche Philipps II., 3 Bde., Frankfurt am Main, 2. Aufl. 2001 (1. Aufl. 1990; Originalausgabe Paris 1966; zuerst erschienen 1949).
2 Eine recht ausführliche Darstellung der kriegerischen Ereignisse des Aufstandes der Morisken findet sich bei Maxwell-Stirling, Bd. 1, S. 113–287.
3 Zit. nach Petrie, S. 58 f.
4 Vander Hammen, S. 73; hier zit. dt. Übers. bei Petrie, S. 60.
5 Zit. nach Havemann, S. 91.
6 Vgl. Havemann, S. 99 f.
7 Don Juan de Austria an Philipp II., 23. Sept. 1569, Colección, Bd. 28, S. 26; hier zit. dt. Übers. bei Petrie, S. 64.
8 Philipp II. an Don Juan de Austria, 30. Sept. 1569, Colección, Bd. 28, S. 28; hier zit. dt. Übers. bei Petrie, S. 65
9 Don Juan de Austria an Philipp II., 4. Okt. 1569, a. a. O., S. 29; hier zit. dt. Übers. bei Petrie, S. 65.
10 Nach Stirling-Maxwell, Bd. 1, S. 187.
11 Don Juan de Austria an Philipp II., der sich damals in Guadelupe aufhielt, 16. Febr. 1570, zit. hier Petrie, S. 67 f. – G. Pérez de Hyta überliefert eine Ballade über das Schicksal der Stadt und den legendenhaften Ursprung ihres Namens, wobei Galera mit Galeere gleichgesetzt wird. Stirling-Maxwell zitiert diese Ballade in englischer Übersetzung (Don John, Bd. 1, S. 229/Anm. 1); hierin heißt es in der zweiten und dritten Strophe: „‚Oh galley! beauteous galley mine, may Allah's arm of power / Assure thy way, by night and day, when perils round thee lower; / When great Don John of Austria and all host of Spain / Embattled come with pike and drum thy loft deck to gain. / (...). – „Ah, Moor! How vain thy valiant strain and hope of high emprise, / Ere yet thy haughty song is sung

aground thy galley lies! / Nor back nor forward can she go, around her fiercely close / The billows of Castillian war and clouds of Christian foes. / The great Don John, the Caesar's son, his banner hath display'd, / Bursts at his word the iron storm and roars the cannonade. / Full stout of heart and strong of hand thy bold Moriscos all, / Scorning to strike their crescent flag, like lions fight and fall; / (...).

12 a.a.O. – Die Einwohner des besiegten Ortes waren alle Teil der Beute und wurden zumeist auf dem Sklavenmarkt verkauft; die Frauen waren sexuelles Freiwild und wurden von der Soldateska vergewaltigt.

13 Don Juan de Austria an Philipp II., 14. Aug. 1570, Colección, Bd. 28, S. 126. – Vgl. auch Braudel, Bd. 3, S. 234.

14 Don Juan de Austria an Philipp II., 7. Juni 1570, Colección, Bd. 28, S. 101; hier zit. dt. Übers. bei Petrie, S. 73; auch zit. und abgedruckt bei Stirling-Maxwell, Bd. 1, S. 258 und Appendix!

15 Don Juan de Austria an Ruy Gómez, 5. Nov. 1570, hier zit. nach Braudel, Bd. 3, S. 237.

16 Zit. nach Havemann, S. 105. – Bei Petrie, S. 69, heißt es: „Soldaten, vor wem flieht ihr? Wo bleibt die Ehre Spaniens? Ist Euer General nicht bei Euch? Wendet Eure Gesichter diesem barbarischen Haufen zu, und Ihr werdet bald sehen, dass er vor Euch zurückweicht."

17 Brief vom 19. Febr. 1570, Colección, Bd. 28, S. 49; hier zit. nach Havemann, S. 105/Anm. 2.

18 Don Juan de Austria an Philipp II., 19. Febr. 1570, Colección, Bd. 28, S. 49.

19 Don Juan de Austria an Philipp II., Caniles, 25. Febr. 1570; zit nach Yeo, S. 153.

20 Philipp II. an Don Juan de Austria, Cordoba, 3. März 1570; zit. nach Yeo, S. 154.

21 Panzer, Blomberg, S. 125.

Kapitel 6: „Für Ehre und Größe", S. 82–126

1 Jean Marteille de Bergerac, ein Galeerensklave um 1701, hier zit. nach Petrie, S. 49 f.

2 Dazu Pastor, Geschichte der Päpste, Bd. 4: Pius V.!

3 Don Juan de Austria an Ruy Gómez, Colección, Bd. 28, S. 157.

4 Der Vorgänger Sotos war während des Moriskenkrieges gestorben und so hatte König Philipp II. einen neuen Sekretär für Don Juan de Austria auswählen lassen. Ruy Gómez, Prinz von Eboli, pries Don Juan den neuen Mitarbeiter mit lobenden Worten an: „Er (Juan de Soto) ist ein Mann, mit dem sich Eure Exzellenz in allem beraten kann. Ich ersuche Euch, ihm die Gewogenheit zu bezeigen, die er verdient; selbst wenn es einen anderen Soto gäbe, so lasst diesen nicht gehen, denn ich verspreche Euch, dass er ein großes Juwel und ein Mann ist, für den Ihr dem, der ihn Euch bekannt gemacht hat, eines Tages noch sehr danken werdet." (Colección, Bd. 28, S. 70; hier dt. Übers. zit. nach Petrie, S. 72).

5 Vander Hammen (S. 154) übermittelt uns alle Namen und Funktionen des Gefolges und der Dienerschaft. – Siehe auch Stirling-Maxwell, Bd. 1, S. 351.

6 Nach Coloma, S. 288.

7 Coloma, S. 290 f. – Ausführliche Beschreibung bei Rudolf Beer, Die Galeere des Don Juan de Austria bei Lepanto, Wien 1894.

8 Vander Hammen, S. 156 ff.

9 Stellvertretend dazu Coloma, S. 293 ff.; Hartlaub, S. 74 ff.

10 Hartlaub, S. 75.

11 Don Juan de Austria an Ruy Gómez, Fürst von Eboli, Barcelona 8. Juli 1571, hier zit. nach Coloma, S. 294 ff.
12 Don Juan de Austria an Philipp II., Barcelona, 12. Juli 1571; hier zit. nach Coloma, S. 297 ff.
13 Stirling-Maxwell, Bd. 1, S. 356 f.
14 Don Juan de Austria an Philipp II., Neapel, 17. August 1571, zit. nach Coloma, S. 305/Anm. 6.
15 Nach Coloma, S. 304.
16 Vgl. dazu sowie im Folgenden die immer noch interessante seekriegsgeschichtliche Studie von Normann-Friedenfels, Don Juan, Pola 1902.
17 Laut Vander Hammen, S. 160.
18 Hartlaub, S. 87 f.
19 Stirling-Maxwell, Bd. 2, S. 391–393; hier zit. dt. Übers. bei Petrie, S. 102 f.
20 Colección., Bd. 3, S. 27; hier zit. dt. Übers. bei Petrie, S. 108.
21 Lepanto, ital. = Naupactos, griech. – Lepanto wurde 1498 bis 1827 von den Türken besetzt und später Teil des neuen griechischen Königreiches. Heute ist Naupactos eine griechische Provinzstadt mit etwa 4500 Einwohnern. – Zur Schlacht bei Lepanto gibt es zahlreiche Zeitzeugnisse, eine umfangreiche Forschungsliteratur sowie schier unzählige Geschichtswerke, oftmals recht patriotischer Natur. – Siehe dazu das Literaturverzeichnis!
22 Gemäß Normann-Friedenfels, S. 36.
23 Nach Normann-Friedenfels, S. 38 f.
24 Coloma, S. 334 f.
25 Die überlieferten Zahlen differieren stark; hier zit. die Zahlen bei Petrie, S. 130, und Normann-Friedenfels, S. 65.
26 Coloma (S. 335/Anm. 8) zitiert hier aus einem Brief an den Prior Don Hernando de Toledo aus dem Archiv des Hauses Alba.
27 Normann-Friedenfels, S. 60.
28 Zit. nach Petrie, S. 134.

Kapitel 7: „In Erwartung einer Krone", S. 127–156

1 Stirling-Maxwell, Bd. 1, S. 446.
2 Stirling-Maxwell, Bd. 1, S. 445 f.; Coloma, S 338 f.
3 Nach Coloma, S. 341.
4 Don Juan de Austria an Don Juan de Zuñiga, Messina, 5. Mai 1572; zit. nach Coloma, S. 346.
5 Vander Hammen führt diesen Brief an; hier zit. in dt. Übersetzung nach Coloma, S. 347 f.
6 Don Juan de Austria an Fatima Cadem, Neapel, 13. Mai 1573; hier zit. nach Coloma, S. 349 f.
7 Normann-Friedenfels, S. 77 f.
8 Stellvertretend Coloma, S. 351.
9 Braudel, Bd. 3, S. 279.
10 Stellvertretend hier Normann-Friedenfels, S. 77 f.
11 Zit. nach Havemann, S. 145.
12 Lope de Figueroa an Don Juan de Austria, Madrid, 28. Nov. 1571; zit. nach Havemann, S. 145 f.
13 Normann-Friedenfels, S. 71. – Auch Lepanto, Papst Pius V. und König Philipp II. wurden besungen.
14 Braudel, Bd. 3, S. 307.
15 Nach Homepage Kurt Scheuerer, Historische Texte, Ingolstadt, http://www.bingo-ev.de/~ks451/ingolsta/lepanto.htm, Stand: 21. 03. 2002.

16 Historischer Rundgang durch Neapel, Nr. 8, Information aus dem Internet. – Zu Don Juan de Austrias Kindern, siehe Abschnitt „Amouren und Folgen"!
17 This Lepanto Moment, http://www.ewtn.com/lepanto.htm, Stand 21.03.2002.
18 Vgl. dazu Günter Schiessl, Seeheld von Lepanto war in der Altstadt auf Wanderschaft, in: Mittelbayerische Zeitung, 6. Febr. 2003.
19 Maxwell-Stirling, Bd. 1, S. 450 u. Anm. 6.
20 Homepage Naval Historical Center, http://www.history.navy.mil/photos/sh-fornv/spain/spsh-ag/d-autr.htm, Stand 20.03.2002.
21 Philipp II. an Don Juan de Austria, San Lorenzo, 29. Nov. 1571; zit. nach Havemann, S. 146.
22 Coloma, S. 355.
23 Cervantes, Don Quijote, I, Kap. 39; hier zit. nach Braudel, Bd. 3, S. 304.
24 Messina, 9. Juni 1574, Colección, Bd. 3, S. 353 ff.; dt. Übers. bei Havemann, S. 168.
25 Don Juan de Austria an Philipp II., Goletta, 11. Okt. 1573, Archiv von Simancas, Estado Legajo 487; zit. dt. Übers. bei Petrie, S. 164 f.
26 Nach Braudel, Bd. 3, S. 325.
27 Simancas, Legajo 451; zit. dt. Übers. nach Petrie, S. 184 f.
28 Simancas, Legajo 926; zit. dt. Übers. nach Petrie, S. 186.
29 Hierzu vor allem Törne!
30 Hierzu vor allem Braudel!
31 Braudel, Bd. 3, S. 315 f.
32 Escobedo an Philipp II., Neapel, 30. Nov. 1575, Colección., Bd. 28, S. 267, dt. Übers. bei Havemann, S. 171.
33 Lippomano irrt hier; denn Don Juan war 1575 tatsächlich erst 28 Jahre alt!
34 Auszug aus dem Bericht des Gesandten Lippomano nach Venedig, Neapel, 1575, in: Gachard, Relations, S. 194 ff.; dt. Übers. bei Havemann, S. 173 ff.
35 Gachard, Relations, S. 194 ff.
36 Collección., Bd. 28, S. 267; dt. Übers. bei Havemann, S. 171.
37 Die meisten Biografen gehen nur beiläufig oder gar nicht auf diesen Aspekt in Don Juans Leben ein, wie beispielsweise Vander Hammen, der erste Biograf Don Juans. – Wichtig hierzu die informative und fundierte Arbeit von Mercedes Fórmica, La hija de Don Juan de Austria, Madrid 1973, 3. Aufl. 1975.
38 Fórmica, S. 33: „A mi tuerta, beso las manos y no digo los ojos hasta que yo le escriba a ella." (tuerto = einäugig)
39 Don Juan de Austria an Rodrigo de Mendoza, Luxemburg, 5. Nov. 1576, in: Stirling-Maxwell, Appendix, S. 436 ff. (dt. Übers. von der Autorin).
40 Don Juan de Austria an Rodrigo de Mendoza, Luxemburg, 29. Oktober 1577, in: Stirling-Maxwell, Bd. 2, Appendix, S. 445 ff.
41 Dieser Ausdruck konnte bisher noch nicht eindeutig identifiziert werden; aber: „abuela" heißt „Großmutter"! Eventuell liegt ein Lese- oder Schreibfehler vor.
42 Coloma, S. 360.
43 Nach Bennassar, S. 166.
44 Nach Coloma, S. 368.
45 Gemäß Coloma, S. 368 f.
46 Alle Angaben über Militello habe ich den Informationen des Tourismusbüros von Militello im Internet entnommen. – Zur Grablege Giovanna (Juana) d'Austrias, vgl. Fórmica, S. 338.
47 Sie war mit dem „Castellano" von Neapel verehelicht (nach Bennassar, S. 167).

Kapitel 8: „Freiheit, diese ansteckende Krankheit", S. 157–183

1 Zit. nach Kellenbenz, S. 167.
2 Archiv von Simancas, Legajo 570; zit. nach Petrie, S. 198.
3 Gachard, L. P., Correspondance de Philipp II., Bd. 4, S. 38–52; dt. Übers. zit. nach Petrie, S. 192.
4 Don Juan de Austria an Garcia de Toledo, El Pardo, 17. Oktober 1576, Colección, Bd. 8, S. 177; dt. Übers. zit. nach Havemann, S. 192.
5 Siehe zu diesem Abschnitt Panzer, Blomberg, S. 105 ff.
6 Zit. nach Panzer, Blomberg, S. 144.
7 Don Juan de Austria an Escobedo, Neapel, 27. Mai 1576, in: Gachard, Correspondance, IV, S. 168–170; zit. nach Panzer, Blomberg, S.163.
8 Gachard, Correspondance, Bd. 4, S. 161–166; dt. Übers. zit. nach Petrie, S. 194.
9 Gachard, Correspondance, Bd. 4, S. 464; dt. Übers. nach Havemann, S. 193.
10 Zit. nach Panzer, Blomberg, S. 172.
11 Briefe Don Juan de Austrias an seine Freunde Garcia de Toledo und an Rodrigo de Mendoza, im Februar 1577; zit. nach Petrie, S. 211.
12 Brief vom 18. September 1577, zit. nach Havemann, S. 241.
13 Nach Petrie, S. 219.
14 Stirling-Maxwell, Bd. 2, Appendix S. 445.
15 Don Juan de Austria an Antonio Pérez, 10. Februar 1577 und 16. Februar 1577; zit. nach Havemann, S. 215 f.
16 Brief vom 3. Februar 1577, zit. nach Motley, Bd. 3, S. 189.
17 Brief vom 18. September 1577, zit. nach Havemann, S. 241 f.
18 Zit. nach Panzer, Blomberg, S. 191.
19 Don Juan de Austria an Philipp II., 20. April 1578, zit. nach Petrie, S. 228 f.
20 Im Januar 1579 schlossen sich die katholischen Provinzen in der Union von Arras zusammen und unterzeichneten im Mai 1579 einen Separatfrieden mit Philipp II. Die reformierten Nordprovinzen einigten sich in der „Utrechter Union" und erklärten sich 1581 endgültig unabhängig von Spanien. Damit waren die Niederlande zweigeteilt. Wilhelm von Oranien verfiel der königlichen Acht und wurde 1584 in Delft ermordet. 1585 eroberte Alexander Farnese Tournai, Gent, Brüssel sowie Antwerpen. Elisabeth I. entsandte daraufhin 6000 Mann nach Holland zur Unterstützung des Unabhängigkeitskampfes. 1591 starb Alexander Farnese, Freund und Neffe Don Juans, herausragender Feldherr und kluger Diplomat, bei einem Kriegszug in Frankreich. In der Folgezeit wurden die militärischen Auseinandersetzungen zwischen Spanien und den sieben niederländischen Nordprovinzen, den so genannten Generalstaaten, nur von einem zwölfjährigen Waffenstillstand (ab 1609) unterbrochen, ehe 1621 dann die Endphase des Kampfes begann. Erst in der Anerkennung der niederländischen Republik durch Spanien im Westfälischen Frieden 1648 fand dieser achtzigjährige Krieg seinen Schlusspunkt.
21 Don Juan de Austria aus dem Lager vor Namur, 16. September 1578; zit. nach Havemann, S. 279.
22 Don Juan de Austria an Philipp II., Bouges, 20. September 1578, bei Motley, Bd. 3, S. 356 ff. und Havemann, S. 280 f.
23 Schreiben aus Namur, 3. Oktober 1578, in: Collección, Bd. 7, S. 247 ff; auch zit. bei Havemann, S. 282 f.
24 Vgl. Havemann, S. 290; Vander Hammen, S. 323.
25 Coloma zitiert hier P. Eusebius Nieremberg, Anm. 15, S. 538.

Nachwort S. 184–187

1 Ludwig August Frankl, Don Juan d'Austria, Heldenlied, Leipzig 1846, S. 7.
2 Leopold von Ranke, Die Osmanen und die spanische Monarchie, S. 139.
3 Eduard Thorsch, Nachwort, in: Louis de Wohl, Der Sieger von Lepanto, Roman, Olten und Freiburg i. Br. 1956, S. 344.
4 Ranke, S. 148f.

Bildnachweis

akg-images, Berlin: 32, 97, 98, 101 unten, 102, 103 oben, 105, 107, 108 oben und unten, 153
Bayerische Staatsgemäldesammlungen, München: 14
Nach: Jack Beeching, Don Juan d'Austria. Sieger von Lepanto, München 1983: 117
Bibliotheca Hertziana, Fototeca, Rom: 110 oben links
Bildarchiv Preußischer Kulturbesitz, Berlin: 158
Nach: Georg Ebers, Barbara Blomberg, 2 Bde., Stuttgart 1896, Neuausgabe München 1949 (Titelblatt): 11
Peter Ferstl, Regensburg: 17, 100 oben und unten, 110 oben rechts, 110 unten
Nach: Mercedes Fórmica Corsi, La hija de Don Juan de Austria, Madrid 1975: 103 unten links
Germanisches Nationalmuseum Nürnberg: 104
Klostermuseum Villagarcía: 101 oben
Museen der Stadt Regensburg – Historisches Museum: 57, 91 (Foto: Presse- und Informationsstelle), 99 (Foto: Peter Ferstl), 109 oben, 111, 129, 175 (Fotos: Presse- und Informationsstelle)
Nach: Marita A. Panzer, Barbara Blomberg, Regensburg 1995: 27, 163, Vorsatzkarte
Patrimonio Nacional, Madrid: 112
Erich Schmidt: 106
Stadtmuseum Ingolstadt: 109 unten
Nach: William Stirling-Maxwell, Don John of Austria, London 1883: 52, 77, 83, 121, 123, 135

Register

Orte

Personen

So groß und schön wie Apoll soll Louis Ferdinand gewesen sein, ein Liebling der Frauen und ein vergöttertes Vorbild für seine Soldaten. Die Kehrseite der Medaille sah jedoch anders aus: Aufgewachsen ohne elterliche Liebe, geplagt von Schulden, vom König in die Provinz abgeschoben und ohne dauerhafte Beziehung. Das Porträt einer der schillerndsten Gestalten des Hohenzollernhauses.

Uwe A. Oster
Der preußische Apoll
Prinz Louis Ferdinand von Preußen 1772–1806
304 Seiten, 23 Abbildungen
Geb. mit SU
ISBN 3-7917-1828-2

Verlag Friedrich Pustet 
D-93008 Regensburg